A EDUCAÇÃO QUE DESEJAMOS:
NOVOS DESAFIOS E COMO CHEGAR LÁ

JOSÉ MANUEL MORAN

A EDUCAÇÃO QUE DESEJAMOS:
NOVOS DESAFIOS E COMO CHEGAR LÁ

PAPIRUS EDITORA

Capa	Vande Gomide
Foto de capa	Rennato Testa
Coordenação	Beatriz Marchesini
Copidesque	Mônica Saddy Martins
Diagramação	DPG Editora
Revisão	Ana Carolina Freitas, Caroline N. Vieira e Paola Maria Felipe dos Anjos

---

Dados Internacionais de Catalogação na Publicação (CIP)
(Câmara Brasileira do Livro, SP, Brasil)

Moran, José Manuel
  A educação que desejamos: Novos desafios e como chegar lá/ José Manuel Moran. – 5ª ed. – Campinas, SP: Papirus, 2012. – (Papirus Educação)

Bibliografia.
ISBN 978-85-308-0835-8

1. ducação – Finalidades e objetivos 2. Educação a distância 3. Escolas – Administração e organização 4. Inovações educacionais 5. Inovações tecnológicas 6. ecnologia educacional I. Título. II. Série.

12-09693   CDD-306.43

Índice para catálogo sistemático:

1. Mudanças tecnológicas na educação:
   Sociologia educacional   306.43

5ª Edição – 2012
13ª Reimpressão – 2025
Tiragem: 80 exs.

Exceto no caso de citações, a grafia deste livro está atualizada segundo o Acordo Ortográfico da Língua Portuguesa adotado no Brasil a partir de 2009.	Proibida a reprodução total ou parcial da obra de acordo com a lei 9.610/98. Editora afiliada à Associação Brasileira dos Direitos Reprográficos (ABDR). DIREITOS RESERVADOS PARA A LÍNGUA PORTUGUESA: © M.R. Cornacchia Editora Ltda. – Papirus Editora R. Barata Ribeiro, 79, sala 316 – CEP 13023-0 – Vila Itapura Fone: (19) 3790-1300 – Campinas – São Paulo – Brasil E-mail: editora@papirus.com.br – www.papirus.com.br

SUMÁRIO

INTRODUÇÃO 7

1. A EDUCAÇÃO ESTÁ MUDANDO RADICALMENTE 13

2. BASES PARA UMA EDUCAÇÃO INOVADORA 39

3. NOVOS DESAFIOS PARA O EDUCADOR 73

4. TECNOLOGIAS NO ENSINO E APRENDIZAGEM INOVADORAS 89

5. MUDANÇAS NA EDUCAÇÃO COM AS TECNOLOGIAS 125

6. PARA ONDE CAMINHAMOS NA EDUCAÇÃO
   E COMO CHEGAR LÁ 145

CONCLUSÃO 167

BIBLIOGRAFIA 171

INTRODUÇÃO

A escola é pouco atraente. Segundo pesquisa do Instituto Nacional de Estudos e Pesquisas Educacionais (Inep), o que afasta crianças entre a 5ª e a 8ª série é mais o desinteresse (40%) do que a necessidade de trabalhar (17%).[1] A escola, principalmente a partir da 5ª série, fica fragmentada, compartimentada. As disciplinas estão soltas, falam de assuntos sem ligação direta com a vida do aluno. Muitos professores estão desmotivados. A infraestrutura está bastante comprometida, o acesso real da maior parte dos alunos à internet é muito insatisfatório. No ensino superior, metade dos alunos não termina seu curso, não se forma. Com uma escola assim e, ao mesmo tempo, com o rápido avanço rumo à sociedade do conhecimento, o distanciamento entre a escola necessária e a real vai ficando dramático.

Se tantos jovens desistem do ensino médio e da faculdade, isso comprova que a escola e a universidade precisam de uma forte sacudida, de arejamento, de um choque. Alunos que não gostam de pesquisar, que

---

1. Pesquisa feita em 2005 e publicada em 2007.

não aprendem a se expressar coerentemente e que não estão conectados ao mundo virtual não têm a mínima chance profissional e cidadã enquanto esse quadro não mudar. Saber pesquisar, escolher, comparar e produzir novas sínteses, individualmente e em grupo, é fundamental para ter chances na nova sociedade que estamos construindo.

A educação universal e de qualidade é percebida hoje como condição fundamental para o avanço de qualquer país. É o caminho necessário para evoluir, ser competitivo, superar a brutal desigualdade, oferecer perspectivas melhores de autonomia, empreendedorismo e empregabilidade.

Apesar dos avanços reais no Brasil, ainda estamos distantes de uma educação de qualidade. E, com frequência, caminhamos no limite da irresponsabilidade, quando privilegiamos mais o lucro, o faz de conta, o "jeitinho". Ou quando burocratizamos a gestão, demorando para introduzir mudanças e mantendo tudo como sempre foi.

A educação é um processo complexo, que depende de consciência e ação política e estratégica constante e continuada de todos os governantes e gestores. No Brasil, está aumentando a consciência, mas há muita descontinuidade política e de gestão. Está mudando a forma de conceber e exercer essa ação pedagógica, com as possibilidades de ensinar e aprender dentro e fora da sala de aula, sozinho ou em grupos, ao vivo ou conectado, presencial ou virtualmente. São situações muito novas, que desafiam profundamente tudo o que até agora fizemos e o que, em geral, continuamos realizando mecanicamente, por inércia.

A cada ano, a sensação de incongruência, de distanciamento entre a educação desejada e a real aumenta. A sociedade evolui mais do que a escola e, sem mudanças profundas, consistentes e constantes, não avançaremos rapidamente como nação. Não basta colocar os alunos na escola. Temos de oferecer-lhes uma educação instigadora, estimulante, provocativa, dinâmica, ativa desde o começo e em todos os níveis de ensino. Milhões de alunos estão submetidos a modelos engessados, padronizados, repetitivos, monótonos, previsíveis, asfixiantes.

"Apenas 26% da população com mais de 15 anos (...) tem domínio pleno das habilidades de leitura e escrita, ou seja, *um em cada quatro jovens e adultos consegue compreender totalmente um texto.*" Cinquenta por cento dos brasileiros são os chamados analfabetos funcionais, que "mal conseguem identificar enunciados simples, sendo incapazes de interpretar texto mais longo ou com alguma complexidade", aponta o Indicador de Analfabetismo Funcional (Inaf).[2]

A educação precisa de mudanças estruturais. A inadequação é de tal ordem que não bastam aperfeiçoamentos, ajustes, remendos. Um estudante que termina uma faculdade dedicou à aprendizagem mais de 20 mil horas, desde que começou a frequentar a escola. É incrível que, depois de tantos anos de aprendizado, muitos alunos não saibam quase nada, não gostem de ler, tenham dificuldades em interpretar textos, não consigam entender as mudanças do mundo em que vivem.

A banda larga na internet, o celular de terceira geração, a multimídia e a TV digital estão revolucionando nossa vida no cotidiano. Cada vez mais, resolvemos mais problemas, em todas as áreas da vida, de formas diferentes das anteriores. Conectados, multiplica-se intensamente o número de possibilidades de pesquisa, de comunicação *on-line*, aprendizagem, compras, pagamentos e outros serviços. Estamos caminhando para interconectar nossas cidades, tornando-as cidades digitais integradas com as cidades físicas. Nossa vida interligará cada vez mais as situações reais e as digitais, os serviços físicos e os conectados, o contato físico e o virtual, a aprendizagem presencial e a virtual. O mundo físico e o virtual não se opõem, mas se complementam, integram, combinam numa interação cada vez maior, contínua, inseparável. Ter acesso contínuo ao digital é um novo direito de cidadania plena. Os não conectados perdem uma dimensão cidadã fundamental para sua inserção no mundo profissional, nos serviços, na interação com os demais.

Escolas não conectadas são escolas incompletas (mesmo quando didaticamente avançadas). Alunos sem acesso contínuo às redes digitais estão excluídos de uma parte importante da aprendizagem atual: do acesso à informação variada e disponível *on-line*, da pesquisa rápida em bases de dados, bibliotecas digitais, portais educacionais; da participação em

---

2. Dados extraídos do Inep (http://www.inep.gov.br) e publicados no *Diário Catarinense*, de Florianópolis, com o título "São 16 milhões de analfabetos", no dia 1/10/2004.

comunidades de interesse, nos debates e publicações *on-line*, enfim, da variada oferta de serviços digitais.

Quanto mais distante a escola está das grandes cidades, mais dramática é a exclusão digital. Hoje, não basta ter um laboratório na escola para acesso pontual à internet durante algumas aulas. Hoje, todos os alunos, professores e comunidade escolar precisam de acesso contínuo a todos os serviços digitais, para estar dentro da sociedade da informação e do conhecimento. Com 70% dos brasileiros sem acesso efetivo e contínuo às redes digitais e metade da população na faixa da pobreza, falta muito para sermos um país verdadeiramente desenvolvido.

Ao mesmo tempo que é necessário melhorar o acesso às redes digitais, precisamos também tornar a escola um espaço vivo, agradável, estimulante, com professores mais bem remunerados e preparados; com currículos mais ligados à vida dos alunos; com metodologias mais participativas, que tornem os alunos pesquisadores, ativos; com aulas mais centradas em projetos do que em conteúdos prontos; com atividades em outros espaços que não a sala de aula, mais semipresenciais e *on-line*, principalmente no ensino superior. Podemos aprender estando juntos fisicamente e também conectados. Podemos aprender sozinhos e em grupos, podemos aprender no mesmo tempo e ritmo ou em tempos, ritmos e formas diferentes.

As mudanças que estão acontecendo são de tal magnitude que implicam reinventar a educação, em todos os níveis, de todas as formas. As mudanças são tais que afetam tudo e todos: gestores, professores, alunos, empresas, sociedade, metodologias, tecnologias, espaço e tempo.

A escola não pode concentrar todos os seus esforços só na melhoria do ensino, nas atividades didáticas. A escola precisa de gestão eficiente, de envolvimento da comunidade de pais, das competências da cidade, e de integração aos vários órgãos governamentais. Secretários de educação das cidades que tiveram o melhor desempenho na Prova Brasil apontam como razão para esse resultado a participação da comunidade na vida escolar, a motivação e qualificação dos professores e as boas práticas de gestão nas escolas. "Não tem como fazer educação dissociado da família. Mesmo se os pais têm pouca instrução ou são muito pobres, é preciso envolvê-los para que valorizem a escola. No momento em que fazem isso, o educando passa a ter outro interesse pelos estudos."[3]

Com a educação *on-line*, com o avanço da banda larga na internet, com a TV digital e outras tecnologias móveis, teremos todas as possibilidades de cursos: dos totalmente prontos e oferecidos através de mídias audiovisuais até os construídos ao vivo, com forte interação grupal e pouca previsibilidade. Teremos cursos totalmente individualizados e outros baseados em colaboração. Teremos cursos totalmente *on-line* e outros parcialmente *on-line*. Só não teremos os modelos atuais convencionais.

A sociedade está caminhando para ser uma sociedade que aprende de novas maneiras, por novos caminhos, com novos participantes (atores), de forma contínua. As cidades se tornam cidades educadoras, integrando todas as competências e serviços presenciais e digitais. A educação escolar precisa, cada vez mais, ajudar todos a aprender de forma mais integral, humana, afetiva e ética, integrando o individual e o social, os diversos ritmos, métodos, tecnologias, para construir cidadãos plenos em todas as dimensões.

A educação é um todo complexo e abrangente, que não se resolve só dentro da sala de aula. Ela envolve todos os cidadãos, as organizações e o Estado e depende intimamente de políticas públicas e institucionais coerentes, sérias e inovadoras. Mas é na relação pedagógica que se centra o processo de ensino e aprendizagem. Este livro foca principalmente as mudanças que as tecnologias trazem para a educação presencial e a distância, em todos os níveis de ensino, e o papel de educadores e gestores na revolução que está acontecendo.

---

3. Eni Scandolara, secretária de educação de Erechim. "Cidade de renda alta tem resultado ruim". *Folha de S.Paulo*, Caderno Cotidiano, 11/2/2007, disponível em http://www1.folha.uol.com.br/fsp/cotidian/ff1102200711.htm.

1
A EDUCAÇÃO ESTÁ MUDANDO RADICALMENTE

Diferentes olhares sobre a educação

> Educar-se é impregnar de sentido cada
> momento da vida, cada ato cotidiano.
> Paulo Freire

A educação é como um caleidoscópio. Podemos enxergar diferentes realidades; podemos escolher mais de uma perspectiva de análise e cada uma terá sua lógica, seu fundamento, sua defesa, porque projetamos na educação nosso olhar parcial, nossas escolhas, nossa experiência.

Se queremos provar que a educação é um desastre e que a escola está atrasada, temos inúmeras estatísticas e experiências que o comprovam; basta acompanhar os índices de repetência, de abandono ou os resultados de alunos brasileiros em competições internacionais, ou observar as diferenças entre as escolas de elite e as da periferia.

Numa pesquisa realizada pelo Instituto de Cidadania,[1] foram ouvidos 3.501 brasileiros de 15 a 24 anos, de seis estados e 198 municípios, e o que mais chama a atenção é a abstinência cultural dos jovens brasileiros:

- 23% nunca leram um livro;
- 39% nunca foram ao cinema;
- 62% nunca foram ao teatro;
- 59% nunca foram a um *show* musical;
- 52% nunca estiveram numa biblioteca fora da escola.

Se quisermos provar que a escola é burocrática, amarrada e engessada, encontraremos mil exemplos de lentidão de gestão, de um verdadeiro cipoal de normas, leis, portarias, decretos federais, estaduais e municipais, de quebra de continuidade de projetos com a entrada de novos governantes. A escola é uma das instituições mais resistentes à mudança, junto com as grandes igrejas tradicionais.

Se, pelo contrário, quisermos mostrar que estamos avançando, que está havendo uma revolução silenciosa em escolas inovadoras, que há muitos grupos de profissionais competentes e de alunos realizando experiências fantásticas, que a escola está mudando aos poucos com novos projetos e uso criativo de tecnologias, também encontraremos bons exemplos para comprová-lo.

Tudo está acontecendo ao mesmo tempo: o atraso, a burocracia e a inovação. É importante ter uma visão realista, mas não desesperançada, niilista, destrutiva. Apostar mais na mudança, em novas possibilidades que se concretizam, do que no pessimismo desesperançador e corrosivo.

A educação é um processo de toda a sociedade – não só da escola – que afeta todas as pessoas, o tempo todo, em qualquer situação pessoal, social, profissional, e de todas as formas possíveis. Toda a sociedade educa quando transmite ideias, valores, conhecimento e quando busca novas ideias, valores, conhecimentos. Família, escola, meios de comunicação, amigos,

---

1. Pesquisa publicada na revista *IstoÉ Dinheiro*, ed. 359, 21/7/2004. Seção A semana.

igrejas, empresas, internet, todos educam e, ao mesmo tempo, são educados, isto é, aprendem, sofrem influências, adaptam-se a novas situações. Aprendemos com todas as organizações, grupos e pessoas a que nos vinculamos.

Pela primeira vez na história, percebemos que a educação não acontece só durante um período determinado de tempo, maior ou menor (educação básica, superior), mas ao longo da vida de todos os cidadãos e em todos os espaços. A educação não acontece só no espaço oficial, na escola e na universidade. Todas as instituições e organizações aprendem cada vez com mais intensidade e ininterruptamente. Essa percepção da urgência da aprendizagem de todos, o tempo todo, é nova.

A sociedade é educadora e aprendiz, ao mesmo tempo. Todos os espaços e instituições educam – transmitem ideias, valores, normas – e, ao mesmo tempo, aprendem, porque – com as mudanças estruturais – não existem modelos prontos e eles vão se adaptando ao novo, a cada situação que se apresenta.

A educação olha para trás, buscando e transmitindo referências sólidas no passado. Olha para hoje, ensinando os alunos a compreender a si mesmos e à sociedade em que vivem. Olha também para o amanhã, preparando os alunos para os desafios que virão.

As sociedades sempre encontraram suas formas de educar. Quanto mais avançadas, mais complexos se tornam seus processos de ensinar. A sociedade explicita seus valores básicos fundamentais em cada momento histórico e define os lugares, os conteúdos e procedimentos válidos por meio de diretrizes políticas.

As escolas e universidades são os espaços institucionais legitimados para a formação dos novos cidadãos. É o que se denomina educação escolar formal. O legislativo define políticas junto com o executivo (ministério e secretarias de educação). Há processos especiais para situações especiais, por exemplo, educação de jovens e adultos. Além da educação formal, há hoje processos intensos de educação não formal, de educação informal. Grupos, ONGs e empresas desenvolvem atividades complexas de capacitação, treinamento, atualização, independentes ou integradas à educação formal.

Hoje, reconhecendo os avanços na universalização da educação, esta adquire uma importância dramática na modernização do país. E há uma percepção crescente do descompasso entre os modelos tradicionais de ensino e as novas possibilidades que a sociedade já desenvolve informalmente e que as tecnologias atuais permitem.

A educação é a soma de todos os processos de transmissão do conhecido, do culturalmente adquirido e de aprendizagem de novas ideias, procedimentos e soluções desenvolvidos por pessoas, grupos, instituições, organizada ou espontaneamente, formal ou informalmente. *Estamos numa fase de transição: nem estamos no modelo industrial (embora mantenhamos muitas de suas estruturas organizacionais e mentais) nem chegamos ao modelo da sociedade do conhecimento, embora parcialmente incorporemos alguns dos seus valores e expectativas.*

A organização escolar é pesada e prudente. Prudente, para não embarcar em qualquer aventura, porque precisa preservar o passado, olhar para o presente e preparar para o futuro. Prudente, porque tem de encontrar denominadores comuns mínimos compatíveis com as diferenças e desigualdades nacionais e regionais. É pesada, porque burocratizou tanto toda a gestão em todos os níveis que, mesmo aumentando as ações de capacitação, parece que quase nada muda. Há uma sensação de desperdício de recursos, de não sair do lugar, de experiências pontuais interessantes, mas de extrema lerdeza, de peso cultural imobilizador. Aprendemos desde sempre em muitas salas de aula parecidas, em dezenas de milhares de aulas semelhantes, como alunos e como professores. E esse modelo industrial está consolidado e, de alguma forma, deu conta das demandas (apesar das inúmeras críticas). Por isso, é difícil superá-lo, principalmente quando ainda não temos outros modelos bem aprovados, testados e universalizados.

Vivemos o paradoxo de manter algo em que já não acreditamos completamente, mas não nos atrevemos a incorporar plenamente novas propostas pedagógicas e gerenciais, mais adequadas à sociedade da informação e do conhecimento, para onde estamos caminhando rapidamente.

No entanto, os desafios sociais são tão gigantescos, as mudanças acontecidas e em fase de implantação são tão dramáticas em todos os setores, que estão pressionando violentamente a educação escolar por novas soluções em todos os níveis: nos valores, na organização didático-curricular, na gestão de processos. Estamos diante de uma tarefa imensa, histórica e que levará décadas: propor, implementar e avaliar novas formas de organizar processos de ensino-aprendizagem, em todos os níveis de ensino, que atendam às complexas necessidades de uma nova sociedade da informação e do conhecimento.

Mudanças estruturais na educação

> Na era do conhecimento, distribuir conhecimento é distribuir renda.
> Não há desenvolvimento sem inovação tecnológica e não há inovação sem pesquisa, sem educação, sem escola.
> Moacir Gadotti

Escolas e universidades sempre estiveram ligadas a locais determinados, a cidades, regiões. Com as mudanças sociais e tecnológicas, as universidades se expandem para muitos outros territórios, principalmente para o virtual. Atingem os alunos que estão perto e também os distantes que estão conectados. *As instituições educacionais se virtualizam cada vez mais*, aumentam o seu raio de ação, flexibilizam seus projetos pedagógicos. Essas mudanças serão progressivas e irreversíveis, mas ainda tendem a repetir alguns modelos disciplinares e focados no conteúdo.

Linderman (*apud* Cavalcanti 1999, p. 44), pesquisando as melhores formas de educar adultos, afirmava já em 1926:

> Nosso sistema acadêmico se desenvolveu numa ordem inversa: assuntos e professores são os pontos de partida, e os alunos são secundários. (...) O aluno é solicitado a se ajustar a um currículo preestabelecido. (...) Grande parte do aprendizado consiste na transferência passiva para o estudante da experiência e conhecimento de outrem.

Mais adiante, oferece soluções, quando afirma que "nós aprendemos aquilo que nós fazemos. A experiência é o livro-texto vivo do adulto aprendiz". Lança assim as bases para o aprendizado centrado no estudante e do aprendizado do tipo "aprender fazendo". Infelizmente, sua percepção ficou esquecida durante muito tempo (*ibid.*).

Em um curso de graduação de quatro anos em pedagogia, em uma das melhores universidades paulistas, alguns alunos confirmaram que mais da metade das aulas era de temas, autores e pesquisas repetidos. Havia superposição de conteúdo, de textos para leitura, de trabalhos a serem realizados pelos alunos. Dois anos seriam suficientes, na visão deles, para aprender o que o curso propunha. Há uma inércia na manutenção de projetos institucionais e pedagógicos previsíveis e pouco inovadores. A maior parte das instituições prefere repetir a arriscar. Os currículos são excessivamente rígidos, com disciplinas isoladas, sem interação. Há, em geral, pouca flexibilidade de espaço, tempo, organização de matérias.

Aumenta a preocupação com o lucro, com a rentabilidade do investimento feito. Muitas instituições baixam os custos das mensalidades, pela competitividade do mercado, e baixam também a qualidade do serviço, sobrecarregando as classes com mais alunos, piorando a remuneração dos docentes e funcionários, empobrecendo a infraestrutura.

Bons professores são as peças-chave na mudança educacional. Os professores têm muito mais liberdade e opções do que parece. A educação não evolui com professores mal preparados. Muitos começam a lecionar sem uma formação adequada, principalmente do ponto de vista pedagógico. Conhecem o conteúdo, mas não sabem como gerenciar uma classe, como motivar diferentes alunos, que dinâmicas utilizar para facilitar a aprendizagem, como avaliar o processo de ensino-aprendizagem além das tradicionais provas. Como costumam assumir, por necessidade, um número de aulas cada vez maior, tendem a reproduzir rotinas e modelos; procuram poupar-se para não sucumbir, dão o mínimo de atividades possíveis para diminuir o tempo de correção. Preparam superficialmente as aulas e vão incorporando esses modelos, que se tornam hábitos cada vez mais enraizados.

Hoje aproveitamos efetivamente, em média, menos da metade do tempo na sala de aula, pela percepção de que os cursos são muito longos e de que muitas das informações que acontecem na sala de aula poderiam ser acessadas ou recuperadas em outro momento. Muitos alunos e professores estão desmotivados com o ensino uniforme, padronizado, que não se adapta ao ritmo de cada um. Criticam o confinamento do processo de ensino-aprendizagem à sala de aula, sempre com as mesmas turmas, com a mesma programação, nos mesmos horários. São complicados os deslocamentos diários de professores e alunos de lugares distantes para estarem todos juntos na mesma sala, ao mesmo tempo, principalmente no nível superior.

Muitos professores costumam culpar os alunos, a escola, o salário, a jornada pela não mudança. Conhecem superficialmente os alunos, subestimam suas potencialidades. Mantêm uma postura generalista: a mesma proposta de aula vale para todos. Não avaliam de verdade. Dão trabalhos em grupo, sabendo que serão feitos por um ou dois alunos, e fazem vista grossa, porque preferem o pacto da mediocridade, do faz de conta.

Há professores "monocórdios", "unitemáticos", previsíveis. São professores de uma nota só. Sempre dão aulas do mesmo jeito, passam o mesmo tipo de exercícios, de atividades, de avaliação. Filtram tudo em perspectivas dualistas, maniqueístas, estereotipadas.

Há professores mosaicos, que fazem colagens. Atiram em todas as direções. Misturam sem critério autores, tendências, ideias. Não organizam, hierarquizam, sintetizam. Tudo para eles tem o mesmo peso, o mesmo valor, em geral, o que está na moda.

Há professores "papagaios". Leem e repetem o que leem, empobrecendo e simplificando o sentido, encurtando o seu alcance. Reduzem textos complexos a interpretações empobrecedoras. Citam autores, em resumos, interpretações de terceiros, sem lê-los nem conhecê-los. Acomodam-se às exigências mínimas de cada instituição onde lecionam.

A maior parte reproduz modelos, receitas, esquemas. Corre atrás de novidades, de fórmulas. Precisa delas para sentir-se seguro ao ensinar. São os professores receitas. Mesmo querendo mudar, buscam a receita do novo. Não se renovam, inovam ou exploram as possibilidades. São repetidores, condensadores de textos, tarefeiros. Muitos têm dificuldade em relacionar, criar conexões, integrar o cotidiano com o conteúdo didático, em fazer a ponte entre a experiência dos alunos e o tema da aula. Como podem ensinar se não sabem aprender?

São muitos os professores que não gostam de ler, que leem só por obrigação. Que não se atualizam. Que não frequentam cinema, teatro, exposições, museus. Que não leem poesia, literatura. Que se alimentam dos programas da TV aberta, das telenovelas, dos *big brothers*, dos telejornais sensacionalistas.

Há professores desesperançadores. Só veem o negativo: no conteúdo, nos alunos, nas condições de trabalho, na vida. Ganham mal e, para compensar, multiplicam as atividades profissionais. Sentem-se pouco valorizados, incentivados, reconhecidos, motivados. Recebem muitos pacotes prontos, projetos decididos sem consulta. Todos conhecemos grupos esforçados, motivados, interessados, mas que são minoria no conjunto dos profissionais.

Com a explosiva privatização do ensino superior nos últimos anos, aumentou exponencialmente o número de alunos que trabalha de dia e estuda à noite e tem pouco tempo para pesquisar. Muitos desses alunos acreditam que basta ouvir o que o professor fala durante as aulas para acompanhar um curso universitário, com a consequente deterioração dos resultados. Constata-se uma falta de conhecimentos fundamentais para um universitário: capacidade avançada de ler, de compreender, de trabalhar autonomamente, o que dificulta sobremaneira o avanço das classes como conjunto.

A educação avança menos do que o esperado, porque enfrenta uma mentalidade predominantemente individualista, materialista, no nível pessoal e institucional, que busca soluções isoladamente. É difícil para a escola trabalhar com valores comunitários diante dessa avalanche de propostas individuais que acontecem a todo momento em todos os espaços sociais. Os meios de comunicação são os porta-vozes mais diretos e eficientes dessa mentalidade individualista, principalmente na publicidade. Ao mesmo tempo, a educação cada vez mais se torna *commodity*, um bem mercadológico, um negócio, sem dúvida em expansão, mas com grandes interesses e investimentos que buscam a lucratividade, a maior rentabilidade possível, o que significa, na maioria das situações de ensino privado, uma busca mais da eficiência do que da cidadania.

As mudanças demorarão mais do que alguns pensam, porque nos encontramos em processos desiguais de aprendizagem e evolução pessoal e social. Não temos muitas instituições e pessoas que desenvolvam formas avançadas de compreensão e integração, que possam servir como referência. Predomina a média, a ênfase no intelectual, a separação entre a teoria e a prática.

Temos grandes dificuldades no gerenciamento emocional, tanto pessoal como organizacional, o que dificulta o aprendizado rápido. São poucos os modelos vivos de aprendizagem integradora, que junta teoria e prática, que aproxima o pensar do viver.

A ética permanece contraditória entre a teoria e a prática. Os meios de comunicação mostram com frequência como alguns governantes, empresários, políticos e outros grupos de elite agem impunemente. Muitos adultos falam uma coisa – respeitar as leis – e praticam outra, deixando confusos os alunos e levando-os a imitar mais tarde esses modelos.

O autoritarismo da maior parte das relações humanas interpessoais, grupais e organizacionais espelha o estágio atrasado em que nos encontramos individual e coletivamente no desenvolvimento humano, no equilíbrio pessoal, no amadurecimento social. E somente podemos educar para a autonomia e para a liberdade com processos fundamentalmente participativos, interativos, libertadores, que respeitem as diferenças, que incentivem, que apoiem, orientados por pessoas e organizações livres.

Há uma defasagem acentuada entre os métodos de gestão nas empresas e nas escolas. Os métodos de racionalização administrativa são precários. Há muito desperdício, falta de profissionalismo nas decisões econômicas. Umas instituições só pensam em *marketing* e lucros e banalizam a qualidade didática. Outras mantêm estruturas administrativas pesadas, caras e ineficientes. Os métodos de organização da aprendizagem precisam ser urgentemente repensados, modificados, com coragem e efetividade, porque sua inadequação às possibilidades, aos tipos de aluno e às necessidades torna-se cada vez mais dramática.

A educação tem de surpreender, cativar, conquistar os estudantes a todo momento. A educação precisa encantar, entusiasmar, seduzir, apontar possibilidades e realizar novos conhecimentos e práticas. *A escola é um dos espaços privilegiados de elaboração de projetos de conhecimento, de intervenção social e de vida. É um espaço privilegiado de experimentar situações desafiadoras do presente e do futuro, reais e imaginárias, aplicáveis ou limítrofes.* Promover o desenvolvimento integral da criança e do jovem só é possível com a união do conteúdo escolar e da vivência em outros espaços de aprendizagem.

A escola e a universidade precisam reaprender a aprender, a ser mais úteis, a prestar serviços mais relevantes à sociedade, a sair do casulo em que se encontram. A maioria das escolas e universidades se distancia velozmente da sociedade, das demandas atuais. Sobrevivem, porque são espaços obrigatórios e legitimados pelo Estado, mas, a maior parte do tempo, frequentamos as aulas porque somos obrigados, não por escolha real, por interesse, por motivação, por aproveitamento. As escolas conservadoras e deficientes atrasam o desenvolvimento da sociedade, retardam as mudanças.

O currículo tradicional e o inovador

Se o ideal de igualdade é levado a sério, a educação democrática deve enfatizar a participação dos educandos na elaboração de todas as decisões sobre a vida em comunidade e o respeito com o qual eles têm de observar a essas regras, para que adquiram o sentido de responsabilidade.

Alexander Sutherland Neill, fundador da escola inglesa Summerhill, observava que as crianças educadas no princípio da democracia se tornavam mais capazes de questionar o senso comum e de aceitar as mudanças e os novos pensamentos. Dizia Neill que elas tendiam a "não ser guiadas pela massa".

A liberdade é a capacidade e a possibilidade de a comunidade escolar criar suas regras. Daí porque o projeto político-pedagógico da escola está sempre sujeito a muitas transformações. A liberdade é uma relação, por isso, não se confunde com licença. Em nossa concepção de educação, educando e educador são sujeitos que aprendem e ensinam no mesmo passo. Assim, a liberdade é válida tanto para a gestão da escola como para sua epistemologia, o que supõe uma comunidade escolar sempre aberta a infinitos objetos, métodos e teorias.

Janusz Korczak percebeu, ao longo dos 30 anos em que dirigiu o Lar das Crianças (1912-1942), que ao tratar a criança com a mesma dignidade e justiça com que se trata o adulto, sem oprimir sua vontade nem tentar forçar-lhe uma opinião, ela reproduz esse mesmo tratamento com as pessoas que a cercam e, quando adultas, tornam-se indivíduos mais justos (Korczak e Dallari 1986). O princípio fundamental de Korczak é de que o educador não deve se sobressair em relação ao educando, deve sempre levar a sério sua opinião, seu ponto de vista, porque a desfeita é dolorosa para a criança, oprime sua personalidade e seu amor-próprio. Em vez de mandar na criança, é preciso dar-lhe a oportunidade de se convencer, com base em suas experiências, numa atmosfera de confiança. Esse educador polonês proclamava a criança como um ser racional, que compreende bem suas necessidades, dificuldades e fracassos. Isso significa que ordens despóticas e leis dogmáticas não são adequadas ao ambiente educativo, são preferíveis a compreensão e a confiança.

O currículo precisa estar ligado à vida, ao cotidiano, fazer sentido, ter significado, ser contextualizado. Muito do que os alunos estudam está solto, desligado da realidade deles, de suas expectativas e necessidades. O conhecimento acontece quando algo faz sentido, quando é experimentado, quando pode ser aplicado de alguma forma ou em algum momento.

Os currículos agora terão de ser muito mais personalizados, mais sintonizados com as expectativas de cada aluno. Currículos personalizados: parece uma heresia diante da realidade atual, mas é para onde caminhamos. Ter orientadores, tutores para cada aluno, com os quais organizamos o processo de aprender e que nos ajudam a experimentar a relação teoria e prática. Os novos currículos valorizarão muito mais a inserção profissional, a aprendizagem já conseguida e a que acontece no cotidiano. Desde o começo de cada curso, os alunos estarão inseridos em projetos significativos, experiências vivas e refletidas. O aluno formado por internet e multimídia e que está sempre conectado está pronto para aprender com os colegas a desenvolver atividades significativas, a contribuir em cada etapa de um projeto. O currículo precisa ser repensado para que se torne importante para o aluno, para que este se sinta protagonista, sujeito, personagem principal. A escola tem de se adaptar ao aluno e não o contrário.

Os modelos fundamentalmente utilizados são os baseados na disciplinaridade, na transdisciplinaridade, na pluridisciplinaridade (estudo de um objeto por várias disciplinas) ou interdisciplinaridade (transferência de métodos de uma disciplina para outra). O modelo disciplinar está condenado ao fracasso a longo prazo. Dividir o conhecimento em fatias, sem interligação, favorece a organização administrativa, não a aprendizagem, que é vista cada vez mais como interdisciplinar.

São muitas as tentativas de buscar saídas para a organização tradicional, fragmentada, do ensino. Algumas mais importantes são: o método de solução de problemas, com inúmeras variáveis – desde a organização de um currículo em grandes problemas, em que há temas complementares, em paralelo, até um tema novo, com um problema ou caso (*case*) para estudo por grupos. Há instituições que, mesmo trabalhando por disciplinas, elaboram um projeto comum que lhes dá foco e que organiza as atividades de cada semestre ou bimestre e faz com que alunos e professores trabalhem de forma mais integrada e vejam a aprendizagem de forma mais significativa.

O que está claro é que, com a flexibilidade de organização do ensino e aprendizagem que as tecnologias possibilitam, o currículo também pode ser muito mais adequado a cada aluno. Não podemos continuar impingindo aos alunos a mesma sequência de conteúdos, tempo e espaço que predominou na sociedade industrial. Podemos oferecer alguns conteúdos comuns iniciais e depois personalizar o percurso. Em cada semestre, podemos trabalhar temas baseados em problemas, desenvolvendo pesquisas que se transformem em projetos, que sejam desenvolvidos a maior parte do tempo virtualmente, pela interação de grupos e supervisão de professores, e que, ao final, sejam apresentados para todos presencialmente e divulgados em páginas *web*.

Haverá maior flexibilidade de tempos, horários e metodologias do que há atualmente. Outras instituições – e esperamos que muitas – caminharão para tornar-se ou continuar sendo organizações democráticas, centradas nos alunos, que desenvolvem situações ricas de aprendizagem sem asfixiar os jovens, incentivando-os, que desenvolvem valores de colaboração, de cidadania em todos os participantes.

Educadores como gestores inovadores

A aprendizagem precisa cada vez mais incorporar o humano, a afetividade, a ética, mas também as tecnologias de pesquisa e comunicação em tempo real. Mesmo compreendendo as dificuldades brasileiras, a escola que hoje não tem acesso à internet está deixando de oferecer ao aluno oportunidades importantes na preparação para o seu futuro e o do país.

Caminhamos na direção da democratização das organizações escolares com apoio das tecnologias. Estas são fundamentais para a mudança e os processos flexíveis, abertos e diferenciados de ensino-aprendizagem.

Uma boa escola começa com um bom gestor. Muitos excelentes professores são maus gestores. O bom gestor é fundamental para dinamizar a escola, para buscar caminhos, para motivar todos os envolvidos no processo. No meio de tantas escolas públicas com tantos problemas, visitei várias vezes uma escola municipal da periferia de São Paulo. Essa instituição era simples, com um clima cordial entre professores e funcionários. A maioria está lá há muito tempo. Qual o segredo? O diretor. Um homem dinâmico, acolhedor, que conversa com professores e alunos, atrai pessoas da comunidade para apoiar a escola. Não tem grandes recursos, tem pessoas motivadas, unidas por sua amizade e carisma. *Um bom gestor muda uma escola.*

> Uma direção motivada, orientada por metas claras compartilhadas com professores, pais e alunos é onde tudo começa. Em virtude das baixas condições de trabalho, o que vemos, no Brasil, especialmente na periferia das grandes cidades, é uma alta rotatividade de diretores e professores, além de um excesso de faltas; há diretores que não ficam mais do que um ano à frente de uma escola. Não se premia quem se esforça nem se pune quem demonstra baixo desempenho e, para completar, o envolvimento dos pais é pequeno e o currículo, desinteressante. (Dimenstein 2007)

O exemplo de Gary Wilson, que recuperou sete escolas públicas carentes, é fundamental para enxergarem-se os caminhos da nova gestão escolar.

Em 2000, a Lochburn Middle School, escola do distrito de Clover Park, no estado de Washington, estava para fechar as portas: o rendimento de seus 800 alunos era muito inferior ao mínimo exigido pela avaliação externa feita periodicamente pelo governo. Em um dia normal, raramente a presença dos alunos chegava a 50%. Os professores, havia muito, tinham desistido de ensinar. Hoje essa unidade é um modelo de escola bem-sucedida. O que aconteceu nesse período? A escola foi praticamente "adotada" pela comunidade: sindicatos, igrejas, estabelecimentos comerciais e entidades não governamentais começaram a participar do processo de ensino e aprendizagem, entrando na sala de aula para ajudar estudantes que tinham dificuldades, assumindo a responsabilidade de orientar os jovens em sua trajetória escolar até a universidade. Grandes e pequenas empresas doam dinheiro e recursos materiais para que nada falte aos alunos. (Gentile 2004)

O trabalho primeiro do gestor Gary Wilson é motivar professores, funcionários e alunos, valorizando-os, escutando-os e depois traçando um plano de ação focando o que é prioritário. Em seguida, envolve as lideranças do bairro, os meios de comunicação locais e o trabalho voluntário da comunidade. Se escolas condenadas se recuperaram, qualquer escola pode ser atuante, inovadora.

Qualquer escola pode ser uma escola que se articule efetivamente com os pais, com a comunidade, que incorpore seus saberes, que preste serviços e aprenda com ela. Uma escola que prepare os professores para um ensino focado na aprendizagem viva, criativa, experimentadora, presencial, virtual, com professores menos "falantes", mais orientadores, que ajudem a aprender fazendo; com menos aulas informativas e mais atividades de pesquisa, experimentação, projetos; com professores que desenvolvam situações instigantes, desafios, solução de problemas, jogos. Uma escola que fomente redes de aprendizagem entre professores das mesmas áreas e, principalmente, entre alunos, que aprendem com seus pares, como nos projetos aluno-monitor da Microsoft. Uma escola com apoio de grandes bases de dados multimídia, de multitextos de grande impacto (narrativas, jogos de grande poder de sensibilização), com acesso a muitas formas de pesquisa e de desenvolvimento de projetos. Uma escola que privilegie a relação com os alunos, a afetividade, a motivação, a aceitação, o conhecimento das diferenças. Que envolva afetivamente os alunos, dê suporte emocional, leve os alunos a acreditar em si mesmos. Que coloque pessoas cuidando dos que têm mais dificuldades emocionais, como faz o Colégio Peretz, de São Paulo, onde ex-alunos, agora universitários, acompanham alguns estudantes com dificuldades: "O mais importante é olhar para a possibilidade e não para a dificuldade", diz Rita de Cássia Rizzo, diretora de escola.[2]

"É difícil implantar uma mudança educacional, porque as escolas têm pouquíssimo tempo para se dedicarem a inovações", justifica o sociólogo Boudewijn van Velzen, coordenador de assuntos internacionais do Centro Nacional pelo Aperfeiçoamento das Escolas (APS).[3] Van Velzen garante que decisões tomadas nos gabinetes não levam materiais didáticos até os alunos nem aumentam a frequência de bibliotecas e laboratórios. "Se, na escola, os diretores e professores não se mexerem, nada acontecerá", afirma. "O resultado de uma grande reforma está no conjunto dos pequenos passos dados nas milhares de escolas de todo o estado."

De acordo com o APS, cada problema da escola deve ser atacado por um plano de ação, elaborado com base nas seguintes questões: Que objetivo se pretende alcançar? O que será feito? Quem irá participar de cada etapa da atividade? Como e quando as etapas serão realizadas? Quais os resultados previstos para cada fase do trabalho? O plano deve ser específico, mensurável, atraente, realista e executado a tempo, ou seja, precisa ser *smart* (iniciais de *specific, measurable, attractive, realistic* e *(on) time*).

Vale a pena destacar, entre muitos outros, os projetos de escolas inovadoras como a Escola da Ponte de Portugal,[4] a Escola Lumiar[5] e a Escola Municipal Amorim Lima,[6] ambas de São Paulo.

---

2. Paulo de Camargo (2004). "Quando o problema não é o aluno", *Folha de S.Paulo*, Caderno Sinapse (27/1), disponível em http://www1.folha.uol.com.br/folha/sinapse/ult1063u723.shtml.
3. "Pequenos passos, grandes avanços". *Revista Nova Escola* (agosto de 1997), disponível em http://novaescola.abril.uol.com.br/ed/104_ago97/html/gestao.htm.
4. http://www.eb1-ponte-n1.rcts.pt.
5. http://www.lumiar.org.br.
6. "A diretora da escola sem paredes", *Folha de S.Paulo,* Caderno Sinapse (31/8/2004), disponível em http://www1.folha.uol.com.br/folha/sinapse/ult1063u908.shtml.

Na contramão, diante da competição feroz por novos alunos, existem alguns sistemas de ensino padronizados, de alcance nacional e internacional, que comercializam modelos prontos para milhares de escolas no país e também no exterior. Dão assessoria em *marketing* e gestão empresarial, além de apoio pedagógico: material didático (apostilas, cadernos de exercícios e CD-ROM, portal na internet); capacitação de professores e coordenadores pedagógicos, além de serviços como cursos e palestras.

Para escolas pequenas, é uma forma de ter um projeto pedagógico interessante e bom material de apoio. O problema surge quando há uma imposição rígida de material e recursos. Alguns sistemas são mais flexíveis. Diante da concorrência, da dificuldade de captar alunos, é inevitável esse tipo de franquia, porque oferece projetos completos, que seduzem pais e barateiam os custos da escola. Muitos professores se queixam de falta de liberdade e de cronogramas apertados. Algumas prefeituras também estão aderindo a esses modelos padronizados.[7] Embora possamos compreender as razões mercadológicas do sucesso de grandes grupos e franquias na educação, cada escola pode caminhar na direção da gestão autônoma, adaptada à sua região e não depender tanto de modelos criados uniformemente.

Todos somos responsáveis pelas mudanças

As mudanças na educação dependem, em primeiro lugar, de termos educadores maduros intelectual e emocionalmente, pessoas curiosas, entusiasmadas, abertas, que saibam motivar e dialogar. Pessoas com as quais valha a pena entrar em contato, porque dele saímos enriquecidos.

O educador autêntico é humilde e confiante. Mostra o que sabe e, ao mesmo tempo, está atento ao que não sabe, ao novo. Mostra para o aluno a complexidade do aprender, a nossa ignorância, as nossas dificuldades. Ensina aprendendo a relativizar, a valorizar a diferença, a aceitar o provisório. Aprender é passar da incerteza a uma certeza provisória, que dê lugar a novas descobertas e a novas sínteses.

---

7. Antonio Arruda (2004). "Escola em larga escala". *Folha de S.Paulo*, Caderno Sinapse (28/9), disponível em http://www1.folha.uol.com.br/folha/sinapse/ult1063u920.shtml.

Os grandes educadores atraem não só pelas suas ideias, mas pelo contato pessoal. Dentro ou fora da aula, chamam a atenção. Há sempre algo surpreendente e diferente no que dizem, nas relações que estabelecem, na forma de olhar, de comunicar-se, de agir. *São um poço inesgotável de descobertas*. No entanto, boa parte dos professores é previsível, não surpreende, repete fórmulas, sínteses e deixa-se levar pela última moda intelectual, sem questioná-la.

É importante termos educadores/pais com amadurecimento intelectual, emocional, comunicacional e ético, que facilitem a organização da aprendizagem. Pessoas abertas, sensíveis, humanas, que valorizem mais a busca que o resultado pronto, o estímulo que a repreensão, o apoio que a crítica, capazes de estabelecer formas democráticas de pesquisa e de comunicação.

As mudanças na educação dependem também de administradores, diretores e coordenadores mais abertos, que entendam todas as dimensões do processo pedagógico, além das empresariais, ligadas ao lucro; que apoiem os professores inovadores; que equilibrem o gerenciamento empresarial, tecnológico e humano, contribuindo para que haja um ambiente de maior inovação, intercâmbio e comunicação.

As mudanças na educação dependem também dos alunos. Alunos curiosos e motivados facilitam enormemente o processo, estimulam as melhores qualidades do professor, tornam-se interlocutores lúcidos e parceiros de caminhada do professor-educador. Alunos motivados aprendem e ensinam, avançam mais, ajudam o professor a ajudá-los melhor. Alunos que provêm de famílias abertas, que apoiam as mudanças, que estimulam afetivamente os filhos, que desenvolvem ambientes culturalmente ricos, aprendem mais rapidamente, crescem mais confiantes e se tornam pessoas mais produtivas.

Nosso desafio maior é caminhar para um ensino e uma educação de qualidade, que integrem todas as dimensões do ser humano. Para isso, precisamos de pessoas que façam essa integração, em si mesmas, do sensorial, intelectual, emocional, ético e tecnológico, que transitem de forma fácil entre o pessoal e o social, que expressem nas palavras e ações que estão sempre evoluindo, mudando, avançando.

Entre os ritos e os desejos

Os seres humanos adoram rituais, datas comemorativas, dias de festa. Gostam dos calendários, dos ciclos, dos ritos de passagem, como as festas de 15 anos, de casamento, de ingresso na faculdade e de formatura. Vivem uma tensão permanente entre a previsibilidade do rito e a emoção do novo, do diferente; entre o real vivido e o real imaginado. Os ritos os acalmam e o diferente os estimula.

A educação está cheia de rituais: de entrada, de permanência e de saída. Em nossa mente vive o conceito de semestralidade, o do período de aulas, dos exames, de férias. Parece que sem eles não aprendemos de verdade.

Ao mesmo tempo, essa previsibilidade nos sufoca, empobrece, banaliza. A busca pela novidade, pela mudança, pelo diferente atrai e assusta. Desejamos mudar, mas nos sentimos confortáveis nos modelos conhecidos, nos rituais sempre repetidos. Só quando esses rituais se tornam insuportáveis, incongruentes e antieconômicos é que o desejo de mudança começa a pesar e nos empurra para novos caminhos.

Parte das pessoas já está nessa fase de transição para outros modelos, já superou o medo da mudança. Uma outra boa parte ainda prefere, mesmo com ressalvas, manter-se na segurança dos ritos conhecidos. Apesar do desejo de mudança, para a maioria, não é tão fácil realizá-la.

Modificar a forma de ensinar

Um dos momentos-chave para entender as mudanças na educação aconteceu em um curso intensivo que ministrei em um colégio particular de Curitiba. Os professores do ensino médio apontavam como era difícil dar aula para adolescentes desmotivados, dispersivos, barulhentos, indisciplinados. Uma professora de português deu um depoimento diferente. Segundo ela, não tinha problemas maiores com esses mesmos alunos. E detalhou o seu método de trabalho:

1) "Eu gosto dos meus alunos e me preparo positivamente para as aulas." Gostar dos alunos, gostar deles como são, com as

dificuldades que trazem, do jeito que se vestem, falam e escrevem. Gostar deles: é óbvio, mas fundamental para obter sucesso pedagógico. Muitos professores parece que não apreciam os alunos, sentem-se distantes deles, só os criticam e se preparam para a aula como para uma guerra e, evidentemente, ela acontece.

2) "Procuro surpreendê-los sempre." Crianças e jovens gostam de novidades, de sair da rotina. A professora dizia que os alunos aguardavam sempre por alguma surpresa. Às vezes, de caráter pedagógico: um vídeo diferente, uma nova dinâmica. Outras, simplesmente uma peça de vestuário, um chapéu, algo que tivesse relação com a aula. As aulas são diferentes umas das outras. Essa professora utiliza bastantes tecnologias de ilustração como vídeos, CDs, DVDs, pesquisas na internet. Todo educador precisa surpreender e cativar seus alunos, sempre.

3) "Faço os acordos possíveis para as atividades, as pesquisas e a forma de apresentação." A professora procura negociar com os alunos os subtemas de uma pesquisa, a forma de apresentá-los e divulgá-los. Os alunos fazem suas propostas e chegam a um acordo com a professora. Uns preparam um vídeo, outros, um CD, outros, uma peça de teatro. Acontece sempre um grande evento no fim do semestre, para ampliar a repercussão dos trabalhos. Os alunos se sentem valorizados, levados em consideração e correspondem participando com entusiasmo.

Na educação, o mais importante não é utilizar grandes recursos, mas desenvolver atitudes comunicativas e afetivas favoráveis e algumas estratégias de negociação com os alunos, chegar a consenso sobre as atividades de pesquisa e a forma de apresentá-las para a classe. Por que, se isso parece tão simples, os colegas dessa professora se queixavam tanto dos mesmos alunos que com ela colaboravam?

Cada organização precisa encontrar sua identidade educacional, suas características específicas, seu papel. Um projeto inovador facilita as mudanças organizacionais e pessoais, estimula a criatividade, propicia mais transformações. Um bom diretor ou administrador pode contribuir para modificar uma ou mais instituições educacionais. Uma parte das nossas dificuldades em ensinar deve-se também a mantermos no nível organizacional e interpessoal formas de gerenciamento autoritário, pessoas que não estão acompanhando profundamente as mudanças na educação, que buscam o sucesso imediato, o lucro fácil, o *marketing* como estratégia principal.

É preciso equilibrar o planejamento institucional e o pessoal nas organizações educacionais. Ter um planejamento flexível e criatividade sinérgica; equilíbrio entre a flexibilidade (que está ligada ao conceito de liberdade, de criatividade) e a organização (na qual há hierarquia, normas, maior rigidez): nem planejamento fechado nem criatividade desorganizada, que vira só improvisação.

Avançaremos mais se soubermos adaptar os programas previstos às necessidades dos alunos, criando conexões com o cotidiano, com o inesperado; se transformarmos a sala de aula em uma comunidade de investigação. Avançaremos mais se aprendermos a *equilibrar planejamento e criatividade*, organização e adaptação a cada situação, a aceitar os imprevistos, a gerenciar o que podemos prever e a incorporar o novo, o inesperado. O planejamento aberto, que prevê, que está pronto para mudanças, para sugestões, adaptações. A criatividade, que envolve sinergia, diversas habilidades em comunhão, valorização das contribuições de cada um, estimulando o clima de confiança e de apoio.

Com a flexibilidade, procuramos adaptar-nos às diferenças individuais, respeitar os diversos ritmos de aprendizagem, integrar as diferenças locais e os contextos culturais. Com a organização, buscamos gerenciar as divergências, os tempos, os conteúdos, os custos, estabelecemos os parâmetros fundamentais. Traçamos linhas de ação pedagógica gerais que norteiam as ações individuais, sem sufocá-las. Respeitamos os estilos de dar aula que dão certo. Respeitamos as diferenças que contribuem para o mesmo objetivo. Personalizamos os processos de ensino-aprendizagem, sem descuidar do coletivo. Encontramos o estilo pessoal de dar aula, em que nos sentimos confortáveis e conseguimos realizar melhor os objetivos.

Ensinar e aprender exigem hoje muito mais flexibilidade espaçotemporal, pessoal e de grupo, menos conteúdos fixos e processos mais abertos de pesquisa e de comunicação. Uma das dificuldades atuais é conciliar a extensão da informação, a variedade das fontes de acesso, com o aprofundamento da sua compreensão, em espaços menos rígidos, menos engessados. Temos informações demais e dificuldade em escolher quais são significativas para nós e em integrá-las a nossa mente e a nossa vida.

A aquisição da informação dependerá cada vez menos do professor. As tecnologias podem trazer hoje dados, imagens, resumos de forma rápida e atraente. O papel do professor – o papel principal – é ajudar o aluno a interpretar esses dados, a relacioná-los, a contextualizá-los. O papel do educador é mobilizar o desejo de aprender, para que o aluno se sinta sempre com vontade de conhecer mais.

Aprender depende também do aluno, de que ele esteja pronto, maduro, para incorporar a real significação que a informação tem para ele, para incorporá-la vivencialmente, emocionalmente. Enquanto a informação não fizer parte do contexto pessoal – intelectual e emocional –, não se tornará verdadeiramente significativa, não será aprendida verdadeiramente.

Avançaremos mais pela educação positiva do que pela repressiva. É importante não começar pelos problemas, pelos erros, não começar pelo negativo, pelos limites. E sim pelo positivo, pelo incentivo, pela esperança, pelo apoio na capacidade de aprender e de mudar. Ajudar o aluno a acreditar em si, a se sentir seguro, a se valorizar como pessoa e se aceitar plenamente em todas as dimensões da vida. Se o aluno acredita em si, será mais fácil trabalhar os limites, a disciplina, o equilíbrio entre direitos e deveres, a dimensão grupal e social.

Foco na pesquisa e no desenvolvimento de projetos

Cada vez se consolida mais nas pesquisas de educação a ideia de que a melhor maneira de modificá-la é por metodologias ativas, focadas no aluno, como a metodologia de projetos de aprendizagem ou a de solução de problemas. Essas metodologias tiram o foco do "conteúdo que o professor quer ensinar", permitindo que o aluno estabeleça um vínculo com a aprendizagem, baseado na ação-reflexão-ação. Os projetos podem estar centrados em cada área de conhecimento isoladamente (projetos dentro de cada disciplina) ou integrar áreas de conhecimento de forma mais ampla (projetos interdisciplinares).

O caminho imediato mais fácil parece ser o de combinar a organização por disciplinas – em que cada uma também pode organizar atividades de pesquisa e projetos – e, ao mesmo tempo, trabalhar com projetos de forma integrada, com base em um tema fundamental comum para cada período, desde o começo até o final de cada curso. Todos os alunos desenvolvem pesquisas em pequenos grupos, dentro da mesma temática geral, que terminam em um produto, que pode ser acadêmico ou de intervenção social. Esse produto é apresentado para todos e pode ser publicado ou aplicado.

Nas palavras do professor Eduardo Chaves:[8]

> A educação deixa de ser centrada em conteúdos disciplinares (*conteudocêntrica*) e passa a ser centrada no desenvolvimento de competências e habilidades. A educação deixa de ser centrada no ensino (*didatocêntrica*) e passa a ser centrada na aprendizagem. A educação deixa de ser centrada no professor (*magistrocêntrica*) e passa a ser centrada no aluno. A educação deixa de ser algo passivo para o aluno e passa a ser algo no qual ele ativamente participa.

Em outras palavras, a introdução da metodologia de projetos de aprendizagem é condição *sine qua non* para uma educação que tenha como objetivo criar as condições objetivas que permitam que as crianças se transformem, das criaturas incompetentes e dependentes que são ao nascer, em seres humanos adultos competentes e autônomos, capazes de escolher e definir um projeto de vida e transformá-lo em realidade. Na verdade, a metodologia de projetos de aprendizagem é a única compatível com uma visão de educação e aprendizagem que encare o aluno como protagonista, como parte da solução e não do problema:

> Não consigo ver como é que se pode promover uma educação para o desenvolvimento humano apoiando a educação tradicional, centrada no ensino dos conteúdos das disciplinas curriculares

---

8. Eduardo Chaves é professor titular aposentado da Faculdade de Educação da Unicamp e assessora o Instituto Ayrton Senna nos projetos da Escola 2000.

tradicionais. (...) Na metodologia (de projetos) muitas inovações podem ser colocadas em prática (seja a distância ou presencial). Os alunos têm mais autonomia, aprendem (também) através da pesquisa, apoiada no trabalho em grupo (colaborativo), que, como nasce de uma situação concreta, é contextualizado.[9]

O educador presencial e virtual

Com as escolas cada vez mais conectadas à internet, os papéis do educador se multiplicam, diferenciam e complementam, exigindo uma grande capacidade de adaptação, de criatividade diante de novas situações, propostas, atividades. Em alguns cursos, além das aulas presenciais, os professores desenvolvem atividades complementares a distância. Em outros, as aulas são presenciais, mas há uma incidência maior de atividades virtuais, que podem liberar os alunos de alguns encontros presenciais. Em outros cursos, ainda, só há um ou dois encontros presenciais e a maior parte das aulas e atividades é feita a distância. Finalmente, organizamos cursos em que o professor não mantém contato físico com os alunos e todas as atividades são realizadas basicamente pela internet.

O professor alterna cursos *on-line* com um número de alunos semelhante ao das aulas convencionais com outros com 300, 500 ou vários milhares de alunos, em que ele gerencia uma equipe de professores assistentes e monitores, que, por sua vez, atendem a turmas menores de alunos. Em determinados cursos, o professor é somente um autor, não participa diretamente do andamento das atividades. O conteúdo é tratado e editado por uma equipe, que o adapta para as mídias e o perfil do público. O professor participa de formas diferentes e exerce papéis diferentes nas diversas situações que se apresentam na educação *on-line*.

O professor precisa aprender a trabalhar com tecnologias sofisticadas e tecnologias simples; com internet de banda larga e com conexão lenta;

---

9. Eduardo Chaves. "A metodologia de projetos de aprendizagem e o desenvolvimento de competências para a vida", disponível em http://www.educacaoetecnologia.org.br/?p=790.

com videoconferência multiponto e teleconferência; com *softwares* de gerenciamento de cursos comerciais e com *softwares* livres. Ele não pode se acomodar, porque, a todo momento, surgem soluções novas para facilitar o trabalho pedagógico, soluções que não podem ser aplicadas da mesma forma para cursos diferentes.

O professor cada vez mais será solicitado por outras instituições acadêmicas e corporativas para participar em um módulo ou parte de um curso, muitas vezes distante do local onde se encontra. Em determinados cursos, poderá criar comunidades de aprendizagem, com grande interação, enfatizando a construção grupal do conhecimento. Em outros, será pedido que interaja o mínimo com os alunos, para diminuir custos, porque esse é o padrão da instituição ou da coordenação. Em alguns cursos, poderá pensar em vídeos, apresentações complexas e câmeras para visualizar e interagir com os alunos, como *videochats*. Já em outros, receberá a orientação de não utilizar o *chat*, por ser dispersivo, ou de focar mais o texto impresso e utilizar a internet como mídia complementar, pela dificuldade de acesso de uma parte significativa dos alunos. Ele precisa ter flexibilidade para adaptar-se a situações muito diferentes e sensibilidade para escolher as melhores soluções possíveis para cada momento.

O professor está começando a aprender a trabalhar nestas situações: com poucos e muitos alunos, com mais ou menos encontros presenciais, com um processo personalizado (professor autor-gestor) ou mais despersonalizado (separação entre o autor e o gestor de aprendizagem). Quanto mais situações diferentes experimente, mais bem preparado estará para vivenciar diferentes papéis, metodologias, projetos pedagógicos, muitos ainda em fase de experimentação.

Estamos caminhando para um conjunto de situações de educação plenamente audiovisuais, com possibilidade de forte interação, integrando o que de melhor conhecemos da televisão (qualidade de imagem e som, imagens ao vivo) com o melhor da internet (acesso a bancos de dados, pesquisa individual e grupal, desenvolvimento de projetos em conjunto, a distância). Tudo isso exige uma pedagogia muito mais flexível, integradora e experimental. Estamos aprendendo a desenvolver propostas pedagógicas diferentes para situações de aprendizagem diferentes. As instituições sérias, mesmo quando têm muitos alunos, encontrarão formas de organizá-los para que consigam aprender com qualidade. As instituições que só buscam o lucro disponibilizarão cursos prontos, com pouca interação e apoio, massificando o processo de ensino-aprendizagem, como acontece também no ensino presencial.

Todas as universidades e organizações educacionais, em todos os níveis, precisam *experimentar como integrar o presencial e o virtual*, garantindo a aprendizagem significativa. Não temos muitas referências que transitem pelo presencial e pelo virtual de forma integrada. Até agora, temos cursos em sala de aula ou cursos a distância, criados e gerenciados por grupos em núcleos específicos, pouco próximos da educação presencial. É importante que os núcleos de educação a distância das universidades saiam do seu isolamento e se aproximem dos departamentos e grupos de professores interessados em flexibilizar suas aulas, para facilitar esse trânsito.[10]

A integração de humanismo e tecnologias

Um dos grandes pontos de estrangulamento da educação *on-line* é a tensão entre os educadores humanistas e os tecnológicos:

- Os humanistas focam a comunicação, a interação, a construção do conhecimento, a criação de comunidades de aprendizagem. Os tecnológicos ressaltam o avanço dos *softwares*, a velocidade de transmissão, as soluções telemáticas.
- Os que conhecem as tecnologias têm nos prometido soluções, facilidades, grandes mudanças. Os que focam mais as dimensões humanas do ensino-aprendizagem falam mais de olho no olho, de comunicação afetiva, de valores.
- Os humanistas dizem que as tecnologias são importantes, mas, em geral, resistem o quanto podem a sua utilização mais ampla,

---

10. Esse tema está mais desenvolvido no Capítulo 4.

inovadora. Permanecem ancorados na sala de aula como espaço de resistência, fora do qual não vale a pena avançar.

- Os educadores tecnológicos, impulsionados por administradores em busca de resultados, ampliam mais e mais o número de alunos atendidos simultaneamente, focam predominantemente o conteúdo, a autoaprendizagem e limitam a interação ao mínimo, porque ela eleva dramaticamente os custos.

Precisamos dos educadores humanistas na educação *on-line* para experimentar formas de interação entre virtual e presencial e nos ajudar a encontrar caminhos para equilibrar quantidade e qualidade nos diversos tipos de situação em que nos encontramos hoje. Precisamos que nos mostrem como criar novas formas de interação, como incentivar a pesquisa individual e em grupo, a avaliação ao longo do curso, o estabelecimento de vínculos, a discussão aberta de valores importantes para a sociedade.

Necessitamos dos educadores tecnológicos, que nos tragam as melhores soluções para cada situação de aprendizagem, que facilitem a comunicação com os alunos, que orientem a confecção dos materiais adequados para cada curso, que humanizem as tecnologias e as mostrem como meios e não como fins.

É importante *humanizar as tecnologias*: são meios, caminhos para facilitar o processo de aprendizagem. É importante também inserir as tecnologias nos valores, na comunicação afetiva, na flexibilização do espaço e tempo do ensino-aprendizagem.

2
BASES PARA UMA EDUCAÇÃO INOVADORA

Há escolas que são gaiolas. Há escolas que são asas.
Escolas que são gaiolas existem para que
os pássaros desaprendam a arte do voo.
Escolas que são asas não amam pássaros engaiolados.
Existem para dar aos pássaros coragem para voar.
Rubem Alves

Uma educação inovadora apoia-se em um conjunto de propostas com alguns grandes eixos que lhe servem de guia e de base. As tecnologias favorecem mudanças, mas os eixos são como diretrizes fundamentais para construir solidamente os alicerces dessas mudanças. As bases ou eixos principais de uma educação inovadora são:

- o conhecimento integrador e inovador;
- o desenvolvimento de autoestima/autoconhecimento;
- a formação do aluno-empreendedor;
- a construção do aluno-cidadão;
- o processo flexível e personalizado.

São pilares que, com o apoio das tecnologias, poderão tornar o processo de ensino-aprendizagem muito mais flexível, integrado, empreendedor e inovador. Vejamos como entender esses eixos fundamentais.

Foco no conhecimento integrador e inovador

> *Sempre há o que aprender, ouvindo, vivendo e, sobretudo, trabalhando;*
> *mas só aprende quem se dispõe a rever as suas certezas.*
> Darcy Ribeiro

Conhecer na incerteza

Caminhamos para a sociedade do conhecimento e este é tão complexo, frágil, instável! Nunca tivemos tanta informação disponível e, ao mesmo tempo, nunca foi tão difícil conhecer. O que selecionar? O que vale a pena entre tantas opções? O que é importante e o que é descartável? O que é um modismo passageiro e o que nos faz avançar? O que estudamos hoje será útil amanhã? O que estou aprendendo profissionalmente poderei aplicar tal como me ensinam? Num mundo que evolui tão rapidamente, o que posso aproveitar do passado?

A educação é um processo em que reunimos o maior número de certezas para lidar com as incertezas. Tentamos falar sobre algo – o conhecimento – que compreendemos parcialmente e só podemos fazê-lo de forma precária, humilde e compartilhada. O conhecimento é nosso foco, nossa matéria-prima e, ao mesmo tempo, nosso problema. Somos especialistas na precariedade de conhecer. Somos especialistas em algo que não dominamos plenamente. Nossa matéria-prima, nossa finalidade nos escapa e, ao mesmo tempo, somos os especialistas responsáveis por fazer sua integração, sua compreensão parcial, seu desvendamento provisório, aos poucos.

> A educação deve mostrar que não há conhecimento que não esteja, em algum grau, ameaçado. O conhecimento é causa de erros e ilusões. Devemos destacar, em qualquer sistema educacional, as grandes

interrogações sobre nossas possibilidades de conhecer. O conhecimento permanece como uma aventura para a qual a educação deve fornecer o apoio indispensável. (Morin 2002, p. 19)

Conhecemos tudo, menos o principal: de onde viemos; o sentido profundo do que fazemos e para onde nos encaminhamos. A informação é o primeiro passo para conhecer. Conhecer é relacionar, integrar, contextualizar, incorporar o que vem de fora. Conhecer é saber, desvendar, é ir além da superfície, do previsível, da exterioridade. Conhecer é aprofundar os níveis de descoberta, é penetrar mais fundo nas coisas, na realidade, no nosso interior. Conhecer é tentar chegar ao nível da sabedoria, da integração total, da percepção da grande síntese, que se consegue ao comunicar-se com uma nova visão do mundo, das pessoas e com o mergulho profundo no nosso eu. O conhecimento se dá no processo rico de interação externo e interno.

O ser humano é complexo e traz em si, de modo bipolarizado, caracteres antagônicos: *sapiens* e *demens* (sábio e louco); *faber* e *ludens* (trabalhador e lúdico); *empiricus* e *imaginarius* (empírico e imaginário), *economicus* e *consumans* (econômico e consumista); *prosaicus* e *poeticus* (prosaico e poético). (*Ibid.*, p. 58)

O ser humano é, a um só tempo, físico, biológico, psíquico, cultural, social, histórico. Essa unidade complexa da natureza humana é totalmente desintegrada na educação por meio das disciplinas. Tornou-se impossível aprender o que significa ser humano. É preciso que cada um, onde quer que se encontre, tome conhecimento e consciência de sua identidade complexa e de sua identidade comum a todos os outros humanos.

A condição humana deveria ser o objeto essencial de todo o ensino. Conhecer o humano é, antes de mais nada, situá-lo no universo, e não separá-lo dele. Todo conhecimento deve contextualizar seu objeto, para ser pertinente. "Quem somos?" é inseparável de "onde estamos?", "de onde viemos?" e "para onde vamos?".

Conhecer é aprender novos caminhos, para poder agir de maneira diferente no caminho de viver mais livremente. O pensar é o primeiro passo para poder mudar, agir. Podemos pensar e não agir; mas, se não pensamos diferentemente, com certeza não agiremos diferentemente. Na descoberta dos caminhos para viver, passamos por etapas de deslumbramento, de desânimo, de escuridão, de realização, de paz, de inquietação. Em cada etapa, o horizonte se modifica: ora vemos o arco-íris na nossa frente, ora montanhas intransponíveis.

Caminhar na vida nos ensina também a relativizar quase tudo: teorias, promessas, perspectivas, crenças. Vamos mudando: o que nos servia numa etapa já não nos ajuda; ideias que pareciam superadas, de repente, voltam a fazer sentido. Esta é uma das grandes lições da vida: *sabemos que sabemos pouco*. É mais o que nos escapa do que o que conhecemos. O tempo nos ensina a humildade. No começo, pensamos ter explicações para tudo, saber as razões dos nossos pensamentos e ações. Aos poucos, constatamos a complexidade das variáveis que se escondem atrás de cada pessoa, de cada interação, de cada decisão. Descobrimos que há um universo invisível e atuante junto com o visível, mas até onde se estende o invisível é um mistério. Quem sabe explicar o universo? Quem sabe dar conta da complexa interação de energias que circulam dentro e em torno de nós? Quem tem certeza das explicações fundamentais para a nossa vida? *O essencial nos escapa.* Conhecemos muito da superfície das coisas e pouco da profundidade, do que realmente fundamenta tudo.

Estamos numa etapa de ampliação do conhecimento do universo em todas as dimensões, científica, psicológica e também no que chamamos "espiritual". A humanidade vem tentando entender e organizar o sagrado. As religiões procuram dar visibilidade a uma série de buscas pessoais e coletivas da humanidade, mas o sagrado ultrapassa essas formalizações. Há muito mais e, ao mesmo tempo, não conseguimos ainda explicitá-lo claramente.

As pessoas constroem e têm um grau de conhecimento maior ou menor. O conhecimento é propriedade intelectual que se compartilha livremente ou não. Há um compartilhamento aberto na escola, nas bibliotecas físicas, virtuais e nas páginas *web*. Ao mesmo tempo, há um compartilhamento que é um bem econômico, que é pago: a escola lucra com a venda de conhecimento e repassa uma parte dos ganhos para o professor, como em qualquer atividade econômica. O conhecimento, fora da escola, é compartilhado livremente nos grupos de discussão, nos *blogs*, nas páginas *web* e, simultaneamente, é comercializado como um bem. Consultores e professores alugam seu tempo, cobrando pelo seu trabalho. Capital intelectual é isto: conhecimento pessoal que se comercializa. Estamos, sim, na era do conhecimento, que se move segundo as leis do capitalismo financeiro.

Com todas essas ressalvas e dificuldades sobre a complexidade do conhecimento, dos professores espera-se que sejam especialistas nele. Só que o conhecimento se constrói no processo, não se transmite simplesmente. Como diz Paulo Freire (2003, p. 22): "Ensinar não é transferir conhecimento, mas criar as possibilidades para a sua produção ou sua construção". E ensinar é um caminho também para aprender. "Quem ensina aprende ao ensinar e quem aprende ensina ao aprender" (*ibid.*, p. 23).

O conhecimento não se impõe, constrói-se. O grande desafio da educação é ajudar a desenvolver durante anos, no aluno, a curiosidade, a motivação, o gosto por aprender. O gosto vem do desejo de conhecer e da facilidade em fazê-lo. A facilidade depende do domínio técnico da leitura, da escrita, da capacidade de análise, comparação, síntese, organização de ideias e sua aplicação. Não há gosto sem a facilidade que vem com a prática e o domínio. Não há motivação se esse gosto não foi desenvolvido constantemente, se não foi criado num clima de estímulo, de liberdade, de orientação positiva. Numa escola autoritária, pode haver domínio técnico, mas é muito difícil despertar a curiosidade, o gosto por aprender. O conhecimento constrói-se num clima de estímulo, de colaboração, até de uma sadia competição. O professor não pode "conhecer" pelo aluno; pode informá-lo, ajudá-lo, aprender com ele, mas quem desenvolve níveis mais superficiais ou profundos de conhecimento é cada pessoa. O aluno aprende, o professor também, juntos.

Há conhecimento de curto e de longo prazo. O de curto prazo pode ser avaliado imediatamente pelos instrumentos convencionais; o de longo prazo, só olhando as atitudes, os valores e o comportamento de cada um. Uns aprendem a melhorar com o passar dos anos; outros parece que vão esquecendo o que aprenderam. Uns vivenciam o que aprendem, e a experiência os leva a novos degraus de conhecimento; outros só aprendem intelectualmente e, com o tempo, esquecem ou até regridem.

Os que somos mais adultos aprendemos prioritariamente com livros e textos escritos. Também aprendemos com filmes, histórias contadas ou lidas. Com a multimídia, as redes de comunicação e a comunicação em tempo real, desenha-se uma situação muito mais variada para crianças e jovens. Apesar de os textos continuarem sendo essenciais, estamos em dúvida de como integrá-los numa criança que gosta de aprender em rede, que gosta mais da troca de mensagens *on-line* do que do silêncio da leitura; que tem à disposição milhares de vídeos, *blogs,* filmes, histórias, com simples toques no *mouse.*

Quanto mais informação, mais difícil é conhecer. A facilidade cria a acomodação, a confusão, a dificuldade de escolher, a permanência das convicções. Há um certo relativismo diante de tantos posicionamentos diferentes e das contínuas atualizações sobre qualquer assunto.

O conhecimento precisa também de reflexão, de capacidade de concentração, o que é difícil diante de tantos estímulos sensoriais. Com a maior oferta de informação, mais fácil é a confusão, a contradição, a cópia, a multiplicação do já conhecido. Hoje há certa preguiça intelectual, maior facilidade de copiar e colar, de repetir o previsível.

O depoimento do professor Cláudio de Moura e Castro sobre seu professor inesquecível confirma a necessidade de focar mais, de aprofundar mais o conhecimento:

> Logo que cheguei à faculdade para fazer o doutorado, o professor Nicolas Georgescu-Roegen me viu na biblioteca com um monte de livros. Ele passou por mim, olhou os livros um por um e disse (fala caprichando no sotaque): 'Mr. Castro, o senhor lê demais e entende de menos. O senhor precisa ler menos e entender mais'. E essa foi uma das grandes lições: foco, concentração, entender profundamente algumas poucas idéias e não fingir que entende um número colossal delas. E, para mim, fruto do ensino brasileiro, que é o ensino de fingir que entende tudo, esta foi a grande lição: aprender pouco, mas bem.[1]

---

1. "Meu professor inesquecível", disponível em http://www.educacional.com.br/professor_inesquecivel/pi018.asp.

Não basta dar aula expositiva para conhecer. O conhecimento se dá cada vez mais pela relação prática e teoria, pesquisa e análise, pelo equilíbrio entre o individual e o grupal. O conhecimento acontece quando faz sentido, quando é experimentado, quando pode ser aplicado de alguma forma ou em algum momento. O conhecimento, numa sociedade conectada e multimídia, edifica-se melhor no equilíbrio entre atividades individuais e grupais, com muita interação e práticas significativas, refletidas e aplicadas. O conhecimento constrói-se de constantes desafios, de atividades significativas, que excitem a curiosidade, a imaginação e a criatividade.

A docência é um campo no qual, ao menos teoricamente, temos avançado bastante. Aos poucos, vamos deslocando o foco para o aprender e para o aluno. Temos hoje bastantes projetos e experiências sobre aprendizagem inovadora, ativa e participativa. Com as tecnologias, podemos flexibilizar o currículo e multiplicar os espaços, os tempos de aprendizagem e as formas de fazê-lo.

Os principais obstáculos para a aprendizagem inovadora são: o currículo engessado, conteudista; a formação deficiente de professores e alunos; a cultura da aula tradicional, que leva os professores a privilegiarem o ensino, a informação e o monopólio da fala. Também são obstáculos: o excessivo número de alunos, de turmas e de matérias que muitos professores assumem e a obsessão pela preparação para o vestibular das melhores universidades, o que concentra a atenção no conteúdo provável desse exame e não na formação integral do adolescente.

O conhecimento não estruturado e o organizado

O conhecimento acontece mais facilmente quando se combinam dois processos complementares: o divergente (não estruturado) e o convergente (organizado).[2]

O conhecimento *não estruturado* explora todas as possibilidades, as tensões, a pesquisa, a busca do novo. Acontece num ambiente de não

---

2. Este tópico, com a mediação de tecnologias, está ampliado no Capítulo 4.

julgamento imediato, no qual se deixa fluir, observar, interagir. Os fatores principais do conhecimento divergente são:

- flexibilidade: relacionar ideias de categorias diferentes;
- fluência: desenvolver ideias em quantidade;
- originalidade: pensar ideias diferentes.

O conhecimento *organizado* acontece numa segunda etapa. Depois da explosão criativa, em que há ideias em quantidade e algumas delas contraditórias, é necessário sistematizá-las, organizá-las, dar-lhes uma estrutura, mas escolher as principais. No conhecimento convergente, há uma combinação:

- de previsibilidade e de imprevisibilidade;
- de segurança (programa) e incerteza (risco, novas buscas);
- de criatividade e organização;
- do individual e do social.

O conhecimento acontece na alternância equilibrada entre o pensamento divergente e o convergente. Entre buscar, pesquisar sem medos e críticas, e, depois, organizar, estruturar, julgar, escolher, filtrar. Na interação entre o divergente e o convergente, encontraremos os melhores caminhos para a aprendizagem.

O pensamento divergente é baseado na tensão, na busca, na incerteza, na oposição. No pensamento divergente, há luta de opostos, ruptura, choque, dialética, contradição.

No pensamento convergente, procuramos a integração, a estruturação, a organização, o balanceamento, o equilíbrio, a superação do passado, aproveitando os pontos positivos.

Do ponto de vista metodológico, o professor precisa aprender a equilibrar processos de organização e de "provocação" na sala de aula. Uma das dimensões fundamentais do educar é ajudar a *encontrar uma lógica dentro do caos de informações* que temos, organizar numa síntese coerente (mesmo que momentânea) das informações dentro de uma área de conhecimento. Compreender é organizar, sistematizar, comparar, avaliar, contextualizar. Uma segunda dimensão pedagógica procura *questionar essa compreensão, criar uma tensão para superá-la*, modificá-la, avançar para novas sínteses, novos momentos e novas formas de compreensão. Para isso, o professor precisa questionar, tensionar, provocar o nível de compreensão existente.

Predomina a organização no planejamento didático quando o professor trabalha com esquemas, aulas expositivas, apostilas, avaliação tradicional. O professor que dá tudo mastigado para o aluno, por um lado, facilita a compreensão; mas, por outro, transfere para o aluno, como um pacote pronto, o nível de conhecimento de mundo que ele, professor, tem.

Predomina a "desorganização" no planejamento didático quando o professor trabalha com pesquisa, experiências, projetos, com novos olhares de terceiros: artistas, escritores.

Em qualquer área de conhecimento, podemos transitar entre a organização da aprendizagem e a busca de novos desafios, sínteses. *Há atividades que facilitam a organização e outras, a superação*. Um relato de experiências diferentes das do grupo ou uma entrevista polêmica podem desencadear novas questões, expectativas, desejos. Mas também há relatos de experiências ou entrevistas que servem para confirmar nossas ideias, nossas sínteses, para reforçar o que já conhecemos. Por exemplo, *na utilização do vídeo, CD ou DVD na escola*, vejo dois momentos ou focos que podem se alternar e combinar equilibradamente:

- Quando o vídeo provoca, sacode, causa inquietação e serve como abertura para um tema, é como um estímulo em nossa inércia. Age como tensionador, na busca de novos posicionamentos, olhares, sentimentos, ideias e valores. O contato de professores e alunos com bons filmes, poesias, contos, romances, histórias e pinturas alimenta o questionamento de pontos de vista formados, abre novas perspectivas de interpretar, olhar, perceber, sentir e avaliar com mais profundidade.

- Quando o vídeo serve para confirmar uma teoria, uma síntese, um olhar específico com o qual já estamos trabalhando, é ele que ilustra, amplia, exemplifica.

O vídeo e outras tecnologias tanto podem ser utilizados para organizar como para desorganizar o conhecimento. Depende de como e quando os utilizamos.

Há professores que privilegiam a desorganização, o questionamento, a superação de modelos e não chegam a sínteses, nem que sejam parciais, provisórias. Vivem no incessante fervilhar de provocações, questionamentos, novos olhares. Nem o sistematizador nem o questionador podem prevalecer no conjunto. É importante *equilibrar organização e inovação; sistematização e superação*. Educar é um processo dialético, quando bem realizado, mas que, em muitas situações concretas, vê-se diluído pelo peso da organização, da massificação, da burocratização, da "rotinização", que freiam o impulso questionador, superador, inovador.

A dialética entre tensão e organização se aplica também à aprendizagem organizacional. As instituições avançam entre a inquietação e a estruturação. Quando prevalecem a busca, a pesquisa, a procura por novas saídas, as instituições avançam, são criativas. Ao mesmo tempo, precisam equilibrar-se, organizar-se, estruturar-se. Quando prevalece a rotina, a burocracia, só acontece a repetição, a previsibilidade e as instituições ficam no mesmo lugar. Na tensão, encontram novas soluções. Do equilíbrio entre tensão e organização, acontece a aprendizagem institucional. Hoje estamos num processo de questionar mais, de pesquisar mais, de desestruturar mais, para encontrar um outro patamar de organização e de equilibração.

O conhecimento racional e o intuitivo

A educação sempre privilegiou o conhecimento racional, baseado na organização de ideias, no conteúdo programático, na compreensão objetiva da realidade. A educação inovadora precisa integrar melhor o conhecimento sensorial, o emocional, o intelectual e o ético.

Os caminhos para o conhecimento pelo sensorial se cruzam com os da intuição. O caminho intuitivo é o da descoberta, das conexões inesperadas, das junções, das superposições, da navegação não linear, da capacidade de maravilhar-se, do aprofundamento do conhecimento psíquico, de formas de comunicação menos conscientes.

A intuição é o resultado de uma síntese de todos os processos, mesmo os racionais, que consegue ultrapassar os limites do previsível, do já aceito de antemão, e captar novas dimensões, muitas vezes, só percebidas parcialmente, que podem reorientar a nossa vida, começar um novo caminho de pesquisa teórica ou de mudanças imprevistas. A intuição é fundamental para o conhecimento integrado, o conhecimento por conexões rápidas, por processos de generalização baseados em poucas situações prévias.

A intuição não é cega nem irracional. Consegue-se com a abertura do nosso ser, da nossa mente para perceber, sentir, ver de uma forma mais aberta, mais livre, menos preconceituosa. A intuição é um processo de conhecimento que, assim como o racional, aperfeiçoa-se com a prática, com o apoio às condições positivas de abertura, prestando atenção a todos os sentidos exteriores e interiores do indivíduo.

A intuição não se opõe à razão, mas também não segue exatamente os mesmos caminhos. Está ligada à capacidade de relacionar mais livremente os dados, de associar temas de forma inesperada, de aprender pela descoberta. Para avançar no conhecimento racional, precisamos concentrar-nos no tema que estamos estudando. Para o desenvolvimento do conhecimento intuitivo, é importante relaxar internamente, dialogar consigo mesmo, entrar em ambientes tranquilos. O relaxamento é uma das condições do conhecimento em profundidade. Relaxar não é só uma atitude física corporal, mas uma atitude permanente e profunda de encarar a vida com tranquilidade, com paz. O relaxamento facilita a aprendizagem, desenvolve a intuição, a capacidade de relacionar, de ter novos *insights*.

O educador revela, na hora que entra em contato com o aluno, mesmo que não fale, pela postura, pelo olhar, pela inflexão de voz, em que estágio de desenvolvimento e aprendizagem se encontra. Revelamos o que aprendemos realmente. Temos um currículo oficial, no qual colocamos nossos cursos, tudo que fizemos. Isso é uma parte da nossa história, que revelamos quando buscamos um emprego. Mas há um outro currículo, que se chama de aprendizagem de vida, que mostra, quando falamos, pela forma como nos expressamos, pelas ideias que comunicamos, o que realmente aprendemos. Às vezes, duas pessoas que fizeram os mesmos cursos, depois de alguns anos, já adultas, chegam a resultados completamente diferentes. Há pessoas que vão aprendendo sempre mais, ao passo que outras parece que desaprendem, que se complicam, se fecham, se tornam mais agressivas ou depressivas.

O conhecimento pela interação e pela interiorização

A sociedade conectada está ampliando a aprendizagem em grupo; a aprendizagem entre pares, as "tribos" virtuais. Cada um aprende com grupos que reconhece como significativos e importantes. Aprendemos pela interação com colegas presenciais e virtuais. As redes de comunicação em tempo real – MSN, *chats*, *blogs*, celular – expressam a riqueza de situações comunicacionais, de interação no cotidiano e na escola.

A aprendizagem pela interação grupal é mais significativa se combinada com a pessoal, com tempos individuais de reflexão, de síntese, de aprofundamento e de consolidação do que é percebido, sentido e compreendido. Com todo esse fervilhar de redes, é difícil encontrar o equilíbrio entre o individual e o grupal.

Aprendemos mais combinando de forma equilibrada a interação e a interiorização. As pessoas estão tão solicitadas pela ação externa que se esquecem de si mesmas, estão todo o tempo navegando, viajando, todo o tempo falando com as pessoas, indo de um lugar para outro, estão sempre ocupadas. Então, aprendemos hoje muito pela interação, mas esquecemos que o conhecimento só se faz forte, só se consolida, quando o reorganizamos de nossa própria perspectiva, de nosso universo, de nosso repertório, de nosso contexto e, para isso, precisamos ter o nosso tempo, o nosso dia, ter também a capacidade de olhar para nós mesmos, de encontrar tempo para meditar no sentido mais amplo, não somente religioso, e isso muitos adultos e também crianças não têm. Esse, para mim, é um dos grandes problemas. Temos muita informação e pouco conhecimento. As pessoas procuram informações, navegam nos *sites*, *blogs*, portais. O conhecimento não se dá pela quantidade de acesso, mas pelo olhar integrador, pela forma de rever com profundidade as mesmas coisas. Para conhecer o mundo, não é preciso viajar muito. Basta enxergá-lo de onde estamos, com um olhar um pouco mais abrangente. Não é só "correr mundo"; isso é bom, mas conhecimento também se dá pela interiorização e pela observação integradora.

Caminhemos na direção da complexificação sensorial, *ampliando as nossas formas de ver-ouvir*, desde o ver-ouvir mais externo até o mais interno, do ver descritivo até o ver metafórico (substituindo imagens por outras semelhantes). De um ver mais figurativo, realista, imediatista, para um ver mais complexo, mais polissêmico, isto é, com mais significados, mais inesgotável – quanto mais vemos, mais significados descobrimos. Um ver-ouvir menos preconceituoso ou consumista; mais atento, mais aberto, polivalente e profundo. Não permaneçamos na superfície externa, espacial, do ver (só para situarmo-nos). Apreendamos também dimensões menos externas do ver-ouvir: o ver-ouvir interior, menos representacional e mais metafórico. Ver-ouvir os nossos modelos mentais lineares, estereotipados, que generalizam com facilidade, sem dados suficientes, que se apoiam em preconceitos. Ver-ouvir-compreender para poder mudar.

A pedagogia da incerteza

O educador, além de conhecer a área específica da qual é especialista, procura ajudar o aluno a compreendê-la e a situar esse pedaço, essa área, no processo e no contexto maiores, que são os do compreender o todo. Além de conhecer, ele precisa aprender a ensinar, isto é, a organizar ações que facilitem a aprendizagem do aluno, a ampliação do conhecimento deste, tanto na área específica como no todo.

A pedagogia da incerteza é feita com um mínimo de certezas. Quando damos tudo pronto, como algo certo, contribuímos para falsear a relação dos alunos com o conhecimento. Quando escrevemos tudo com clareza e objetividade, mascaramos o processo, que é penoso, ambíguo e incerto. Por isso, na pedagogia, não podemos facilitar só o que é certo, mas criar situações de desafio, de validação de várias opções. *Quando focamos mais a certeza do que a incerteza, não preparamos os alunos para a vida.* Uma parte do que falamos e trabalhamos na relação pedagógica está consolidada. Sobre certos temas, possuímos, dentro de determinados contextos, um sólido conhecimento. Mas não podemos nos esquecer do contexto maior em que esses temas se situam, e o contexto ou cenário maiores não são exatos nem previsíveis. Precisamos trabalhar, na pedagogia, entre a certeza e a incerteza, entre a organização e a desorganização, focando uma ou outra, mas não permanecendo unicamente na lógica da certeza nem no caos e na desordem.

Se forçamos a incerteza e construímos o conhecimento em processo, não podemos manter o ensino focado em conhecimentos prontos, estáveis, acabados. Não podemos exigir provas de resposta certa, na maior parte das situações de avaliação, principalmente na área de humanas.

A transmissão de informação é a tarefa mais fácil e em que as tecnologias podem ajudar o professor a facilitar o seu trabalho. Um simples CD-ROM contém toda a Enciclopédia Britânica, que também pode ser acessada pela internet. O aluno nem precisa ir à escola para buscar as informações. Mas, para interpretá-las, relacioná-las, hierarquizá-las, contextualizá-las, só as tecnologias não serão suficientes. O professor ajudará a questionar, a procurar novos ângulos, a relativizar dados, a tirar conclusões.

As tecnologias também podem ajudar a desenvolver habilidades espaçotemporais, sinestésicas, criadoras. Mas o professor é fundamental para adequar cada habilidade a um determinado momento histórico e a cada situação de aprendizagem.

Elas são pontes que abrem a sala de aula para o mundo, que representam e medeiam o nosso conhecimento do mundo. São diferentes formas de representação da realidade, mais abstratas ou concretas, mais estáticas ou dinâmicas, mais lineares ou paralelas, mas todas elas, combinadas, integradas, possibilitam uma melhor apreensão da realidade e o desenvolvimento de todas as potencialidades do educando, dos diferentes tipos de inteligência, habilidades e atitudes.

Permitem, ademais, expor várias formas de captar e mostrar o mesmo objeto, representando-o de ângulos e meios diferentes: por movimentos, cenários, sons, integrando o racional e o afetivo, o dedutivo e o indutivo, o espaço e o tempo, o concreto e o abstrato.

As tecnologias podem, ainda, nos ajudar nessa construção, facilitando a pesquisa, a interação e, principalmente, a personalização do processo. Pela pesquisa, aceleramos o acesso ao que de melhor acontece perto e longe de nós. Pela interação, aprendemos com a experiência dos outros. Com a personalização, adaptamos o processo de aprendizagem ao ritmo possível de cada pessoa, às condições reais de cada uma, às motivações concretas.

Além disso, as tecnologias são cada vez mais multimídia, multissensoriais. As gerações atuais precisam, mais do que antes, do toque, da muleta audiovisual, do andaime sensorial. É um ponto de partida, uma condição de identificação, de sintonização para evoluir, aprofundar. O problema é que muitos, durante a vida toda, não ultrapassam a necessidade do apoio sensorial e permanecem nas dimensões mais aparentes da informação e do conhecimento. Permanecem na periferia das possibilidades do conhecimento. Permanecem num conhecimento "amarrado", que não voa, porque sempre precisa dos andaimes das sensações, das imagens, da mediação sensorial. Este é um dos problemas do homem atual: cada vez se depende mais das mediações sensoriais. Sem elas, não se consegue voar; com elas, agita-se muito, mas pode-se não evoluir tanto quanto as aparências prometem.[3]

Por que se diz que a escola está atrasada? Por várias razões. Ela está atrasada em relação aos avanços da ciência, pois ensina o que já está aceito, cristalizado. Está atrasada na adoção de tecnologias, porque estas são vistas com desconfiança e também são muito caras, principalmente nos primeiros tempos. Há, ainda, medo de que venham a ocupar o lugar do professor. Uns as adotam de forma acrítica, pensando que vão resolver mil problemas. Servem mais como *marketing* do que como meio de avançar no ensino-aprendizagem. A maioria vai adiando o máximo que pode o domínio das tecnologias ou costuma utilizá-las de forma superficial. A escola se insere, também, numa perspectiva de futuro, mas tem dificuldades em enfrentá-lo, porque é difícil prever as mudanças que os alunos terão de enfrentar em todas as dimensões da vida nos próximos anos.

Temos dado muita ênfase à mudança de currículos, a conteúdos programáticos e pouca a essa dimensão mais integrada de conhecimento.

---

3. O papel mediador das tecnologias para o conhecimento será mais desenvolvido no Capítulo 4.

Ajudar a conhecer e a comunicar-se implica ampliar o nosso conhecimento do conteúdo e nossas formas de interagir com ele.

Predomina ainda a ênfase no conteúdo racional passado pelo professor. Aprenderemos mais integrando os conteúdos e as habilidades; a lógica e o afeto; o sensorial, o emocional e o racional; o passado e o presente. E, também, dando um peso significativo à comunicação: como dizer o que entendemos, como comunicar aos outros a nossa percepção e visão do mundo.

É importante *compatibilizar os objetivos sociais, grupais e os pessoais*. Há momentos em que enfatizamos mais os individuais (quando pedimos sugestões aos alunos ou que relacionem uma determinada atividade com sua vida). Em outros momentos, predominam os objetivos grupais. Em outros, os sociais: o que a sociedade e as instituições esperam do grupo numa situação (por exemplo, o que a sociedade e a escola esperam de um aluno que passa nove anos no ensino fundamental). A integração do pessoal, grupal e institucional se torna importante para o avanço da educação em todos os níveis.

O que falo como professor é compreendido por cada aluno dentro do seu sistema de referências, do seu mundo. O aluno compreende uma parte do que falo e de forma diferente do que pretendo comunicar. Cada aluno procura encaixar essa fala dentro do seu universo mental e produz uma comunicação de volta, que expressa uma parte dessa compreensão.

Os processos de conhecimento dependem profundamente do social, do ambiente cultural onde vivemos, dos grupos com os quais nos relacionamos. A cultura em que mergulhamos interfere em algumas dimensões da nossa percepção. O desafio de educar é o de ir construindo pontes entre universos de significação diferentes, entre formas de compreensão contraditórias e de comunicação divergentes. Há uma distância abismal entre a criança, o pré-adolescente, o adolescente, o jovem e o adulto na forma de pensar, nos interesses, na organização do conhecimento, na utilização da linguagem, nos valores. Existem distâncias além da idade. O que é distante hoje não é a distância geográfica, mas a intelectual, emocional, ideológica (o que não se identifica com o indivíduo) e a linguística (o que não se entende ou que é difícil expressar).

Foco no desenvolvimento emocional

As escolas se preocupam principalmente com o conhecimento intelectual e hoje constatamos que tão importante como as ideias é o equilíbrio emocional, o desenvolvimento de atitudes positivas diante de si mesmo e dos outros, o aprender a colaborar, a viver em sociedade, em grupo, a gostar de si e dos demais.

"Os alunos só terão sucesso na escola, no trabalho e na vida social se tiverem autoconfiança e autoestima. A escola de hoje não trabalha isso", afirma Wong, ao sugerir que as instituições de ensino criem cursos de psicologia comportamental em que os alunos possam aprender mais sobre si mesmos. Segundo esse autor, a autoconfiança só se adquire pelo autoconhecimento.[4]

A educação, como as outras instituições, tem se baseado na desconfiança, no medo de sermos enganados pelos alunos, na cultura da defesa, da coerção externa. O desenvolvimento da autoestima é um grande tema transversal. É um eixo fundamental da proposta pedagógica de qualquer curso. Esse é um campo muito pouco explorado, apesar de todos concordarmos que é importante. Aprendemos mais e melhor, se o fazemos num clima de confiança, de incentivo, de apoio, de autoconhecimento; se estabelecemos relações cordiais e de acolhimento com os alunos; se nos mostramos pessoas abertas, afetivas, carinhosas, tolerantes e flexíveis, dentro de padrões e limites conhecidos. "Se as pessoas são aceitas e consideradas, tendem a desenvolver uma atitude de mais consideração em relação a si mesmas" (Rogers 1992, p. 39).

Temos baseado a educação mais no controle do que no afeto, mais no autoritarismo do que na colaboração.

> Talvez o significado mais marcante de nosso trabalho e de maior alcance futuro seja simplesmente nosso modo de ser e agir como equipe. Criar um ambiente onde o poder é compartilhado, onde os

---

4. Marina Rosenfeld. "'Guru' de recursos humanos critica escolas", disponível em http://www2.uol.com.br/aprendiz/noticias/congressos/id200504_02.shtml.

indivíduos são fortalecidos, onde os grupos são vistos como dignos de confiança e competentes para enfrentar os problemas – tudo isso é inaudito na vida comum. Nossas escolas, nosso governo, nossos negócios estão permeados da visão de que nem o indivíduo nem o grupo são dignos de confiança. Deve existir poder sobre eles, poder para controlar. O sistema hierárquico é inerente a toda a nossa cultura. (*Ibid.*, pp. 65-66)

A afetividade na relação pedagógica

A afetividade é um componente básico do conhecimento e está intimamente ligada ao sensorial e ao intuitivo. Ela se manifesta no acolhimento, na empatia, na inclinação, no desejo, no gosto, na paixão, na ternura, na compreensão para consigo mesmo, para com os outros e para com o objeto do conhecimento. A afetividade dinamiza as interações, as trocas, a busca, os resultados. Facilita a comunicação, toca os participantes, promove a união. O clima afetivo prende totalmente, envolve plenamente, multiplica as potencialidades. O homem contemporâneo, pela relação tão forte com os meios de comunicação e pela solidão da cidade grande, é muito sensível às formas de comunicação que enfatizam os apelos emocionais e afetivos mais do que os racionais.

> O homem da racionalidade é também o da afetividade, do mito e do delírio (*demens*). O homem do trabalho é também o do jogo (*ludens*). O empírico é também o imaginário (*imaginarius*); o da economia é também o do consumismo (*consumans*); o prosaico é também da poesia, do fervor, da participação, do amor, do êxtase. O amor é poesia. Um amor nascente inunda o mundo de poesia, um amor duradouro irriga de poesia a vida cotidiana, o fim de um amor devolve-nos à prosa. (Morin 2002, p. 58)

No ser humano, o desenvolvimento do conhecimento racional-empírico-técnico jamais anulou o conhecimento simbólico, mágico ou poético.

A educação precisa incorporar mais as dinâmicas participativas, como as de autoconhecimento (assuntos próximos à vida dos alunos), as de cooperação (trabalhos de criação grupal) e as de comunicação (teatro ou produção de vídeo).

Na educação, podemos ajudar a desenvolver o potencial de cada aluno dentro de suas possibilidades e limitações. Para isso, precisamos praticar a pedagogia da compreensão contra a pedagogia da intolerância, da rigidez, do pensamento único, da desvalorização dos menos inteligentes, dos fracos, problemáticos ou "perdedores". Praticar a pedagogia da inclusão.

A inclusão não se faz somente com os que ficam fora da escola. Dentro da escola, muitos alunos são excluídos pelos professores e colegas. São excluídos quando nunca falamos deles, quando não os valorizamos, quando os ignoramos continuamente. São excluídos quando supervalorizamos alguns, colocando-os como exemplos, em detrimento de outros. São excluídos quando exigimos de alunos com dificuldades de aceitação e de relacionamento resultados imediatos, metas difíceis para eles no campo emocional.

Há uma série de obstáculos no caminho: a formação intelectual valoriza mais o conteúdo oral e textual, separando razão e emoção. O professor não costuma ter uma formação emocional, afetiva. Por isso, tende a enxergar mais os erros que os acertos. A falta de valorização profissional também interfere na autoestima. Se os professores não desenvolvem sua própria autoestima, se não se dão valor, se não se sentem bem como pessoas e profissionais, não poderão educar num contexto afetivo. Ninguém dá o que não tem. Por isso, é importante organizar atividades com gestores e professores de sensibilização e técnicas de autoconhecimento e autoestima, oferecer aulas de psicologia para autoconhecimento com especialistas em orientação psicológica. Ações para que *alunos e professores desenvolvam sua autoconfiança, sua autoestima*, tenham respeito por si mesmos e acreditem em si, percebam, sintam e aceitem seu valor pessoal e o dos outros. Assim, será mais fácil aprender e comunicar-se com os demais. Sem essa base de autoestima, alunos e professores não estarão inteiros, plenos para interagir e se digladiarão como opostos, quando deveriam se ver como parceiros.

Para que os alunos tenham certeza do que comunicamos, é extremamente importante que haja *sintonia entre a comunicação verbal*, falada, *e a não verbal*, gestual, que passa pela inflexão sonora, pelo olhar, pelos gestos corporais de aproximação ou afastamento. As pessoas que tiveram uma educação emocional mais rígida, menos afetiva, costumam ter dificuldades também em expressar suas reais intenções, em comunicar-se com clareza. Costumam expressar-se de forma ambígua, utilizam recursos retóricos como a ironia, o duplo sentido, o que deixa confusos os ouvintes, que não conseguem decifrar o alcance total das intenções do comunicador.

O professor que gerencia bem suas emoções confere a palavras e gestos clareza, convergência, reforço, geralmente de forma tranquila, sem agredir o outro. O aluno capta claramente a mensagem. Poderá concordar ou não com ela, mas encontra pistas seguras de interpretação e formas de aceitação mais fáceis. O professor equilibrado e aberto encanta. Antes de prestar atenção ao significado das palavras, prestamos atenção aos sinais profundos que nos envia, de que é uma pessoa de bem com a vida, confiante, aberto, positivo, flexível, que se coloca na nossa posição também, que tem capacidade de entender-nos e de discordar, sem aumentar desnecessariamente as barreiras.

Participamos de inúmeras formas de comunicação em grupos e organizações, mais ou menos significativas. Em cada uma das organizações, por exemplo, as ligadas ao trabalho, à educação, ao entretenimento, desempenhamos papéis mais "profissionais" – em que mostramos competência, conhecimento em áreas específicas – e outros mais pessoais. Um médico, mesmo que esteja conversando num bar de um clube de tênis, continuará a ser visto pelos outros como um profissional da saúde e pesarão mais as suas opiniões sobre uma determinada doença do que as de um colega engenheiro sentado ao seu lado. Essa competência maior ou menor e a forma como a exercemos – com mais ou menos simpatia – facilitam ou dificultam a nossa comunicação no campo organizacional. Podemos ser vistos como pessoas competentes, mas de difícil convivência, ou muito simpáticas, mas pouco inteligentes.

Nos vários ambientes que frequentamos, comunicamo-nos como pessoas realizadas ou insatisfeitas, abertas ou fechadas, confiantes ou desconfiadas, competentes ou incompetentes, egoístas ou generosas, éticas ou aéticas. Além disso, expressamo-nos como homens ou mulheres, jovens ou adultos, ricos ou pobres. Todas essas variáveis interferem nos vários níveis de comunicação pessoal, grupal e organizacional e expressam o nível de aprendizagem que atingimos como pessoas.

A educação como um processo de comunicação

A educação é fundamentalmente um processo de comunicação e de informação, de troca de informações e de troca entre pessoas. Educar é colaborar para que professores e alunos – nas escolas e organizações – transformem suas vidas em processos permanentes de aprendizagem. É ajudar os alunos na construção da sua identidade, do seu caminho pessoal e profissional, do seu projeto de vida, no desenvolvimento de habilidades de compreensão, emoção e comunicação que lhes permitam encontrar seus espaços pessoais, sociais e profissionais e tornar-se cidadãos realizados e produtivos.

Educar também é ajudar a desenvolver todas as formas de *comunicação*, todas as linguagens: aprender a dizer-nos, a expressar-nos claramente e a captar a comunicação do outro e a interagir com ele. É aprender a *comunicar-nos verdadeiramente: a ir tornando-nos mais transparentes, expressando-nos com todo o corpo, com a mente, com todas as linguagens, verbais e não verbais, com todas as tecnologias disponíveis.*

As tecnologias facilitam a interação, a troca, a colaboração, mas não resolvem os problemas de fundo: as dificuldades de entender-nos, de aceitar os outros como são, de compreender o mundo interior próprio e o dos outros. Dizia Arnold Toynbee que tecnologicamente somos como deuses, mas, do ponto de vista humano, somos apenas primatas. Nunca tivemos tanta informação disponível, tantas tecnologias, mas nunca tivemos também tanta dificuldade de comunicação.

A educação é um processo que facilita a comunicação em níveis cada vez mais profundos e ricos entre todos os participantes, fundamentalmente professores e alunos. Quanto mais variedade de informação-comunicação, mais fácil é dispersar-se, permanecer na superfície, nas aparências, no agito, nas interpretações da moda. A escola pode transformar-se em um espaço privilegiado de comunicação profunda, rica, aberta, inovadora, crítica; em um espaço de organizar, num clima de confiança, o caos informativo, de ideias, de avaliações que precisamos enfrentar diariamente.

A "comunicação" pedagógica autoritária e a participativa

Nos diversos grupos e organizações de que participamos – principalmente os familiares, os educacionais e os profissionais –, encontramos *formas de gerenciamento diferentes, umas tendem mais para o autoritarismo, o controle pessoal ou burocrático, e outras, para a participação.*

No *gerenciamento autoritário*, tudo se subordina ao controle. O controle pode ser pessoal – alguém centraliza as decisões principais – ou burocrático – a estrutura é hierárquica e só a cúpula decide, os escalões intermediários executam o que vem de cima e têm pequeno grau de autonomia. Há uma *interação autoritária explícita, clara* e outra *implícita, camuflada*. A maior parte das interações autoritárias é disfarçada. A implícita é mais difícil de perceber, porque vem camuflada com uma roupagem participativa, que convida para a colaboração, o que a assemelha, num primeiro momento, à interação real. Normalmente, ninguém quer se mostrar impositivo. Os maiores ditadores justificam sua truculência com uma linguagem triunfalista, cheia de promessas, de realizações, de paternalismo. Decidem por nós. Sabem o que é melhor para nós. E disfarçam a dominação com apelos afetivos ao patriotismo, à grandeza, à "mãe pátria". Em outras instâncias, como a familiar e a educacional, o autoritarismo se mascara de expressões afetivas de interesse pelo filho, pelo aluno, pelo uso de diminutivos carinhosos, pela bajulação. É uma fala que simula interação, preocupação e escamoteia todos os mecanismos de controle.

Em um colégio importante de São Paulo, do que mais reclamavam os alunos não era das aulas, mas da diferença entre o discurso liberal e participativo dos diretores e professores e a prática disfarçadamente autoritária. Os alunos constatavam que o que eles falavam não tinha repercussão real. As reuniões eram mais formais do que efetivas, eram mais para apresentar decisões prévias do que para buscar soluções em conjunto. As interações autoritárias camufladas perpetuam o controle e dificultam a nossa evolução pessoal, grupal e institucional.

No *gerenciamento participativo*, de um lado, há organização: códigos, estruturas, esquemas, limites, normas claras e implícitas, hierarquia; de outro, essa organização é *flexível*, adapta-se às circunstâncias, confia nas pessoas, apoia inovações, desburocratiza os procedimentos, *trabalha de forma sinérgica*. O gerenciamento participativo pode acontecer em grupos menores, como o familiar, assim como em grupos maiores, como escolas e empresas, com vários níveis de interação, de comunicação aberta. Na comunicação participativa, professores e alunos estão abertos e querem trocar ideias, vivências, experiências, das quais ambos saem enriquecidos. A fala é franca, objetiva. Há graus diferentes de interação real e de comunicação, mas o importante é essa atitude de busca, de querer comunicar-se, trocar, crescer, dentro de limites negociados ou estabelecidos.

As organizações são compostas de pessoas. Quanto mais evoluem as pessoas, mais evoluem as organizações.[5] Educadores e gestores mais abertos, confiantes, bem resolvidos podem compreender melhor e implantar novas formas de relacionamento e de cooperação no processo de ensinar e aprender. Estão atentos para o novo, conseguem ouvir os outros e expressar-se de forma clara, não ficam ressentidos porque suas ideias eventualmente não foram aceitas. Cooperam em projetos decididos democraticamente, mesmo que não coincidam com todos os seus pontos de vista.

As organizações educacionais são como as pessoas. Encontramos organizações mesquinhas, fechadas, autoritárias, voltadas para o passado, que repetem rotinas, que são incapazes de evoluir. Existem outras que evoluem perifericamente, que só fazem mudanças cosméticas, de fachada, de *marketing*, sem mexer no essencial. Existem também organizações volúveis, que mudam de acordo com as modas do momento, com os gurus de plantão, que adotam acriticamente as novidades, as últimas tecnologias. Há, finalmente, organizações com uma visão integrada, aberta e flexível das pessoas, dos seus objetivos, do seu futuro. Organizações interessantes são as que veem, em cada problema, um desafio. Organizações problemáticas são as que enxergam mais os problemas do que as oportunidades e fazem destas novos problemas.

---

5. Ver o conceito de "organizações que aprendem" em Peter Senge, *A quinta disciplina: Arte, teoria e prática da organização de aprendizagem*. São Paulo: Best Seller, 1990.

Todos os grupos e instituições que evoluem e crescem trazem consigo formas de integrar organização e criação, normas e liberdade, autoridade e confiança. As organizações que mais evoluem são as que reúnem pessoas abertas, que sabem gerenciar seus conflitos pessoais, que sabem se comunicar e aprender.

Pessoas maduras, abertas – mantenedores, diretores, coordenadores, professores, funcionários – são responsáveis pelas mudanças necessárias nas organizações educacionais.

O autoritarismo da maior parte das relações interpessoais, grupais e organizacionais espelha o estágio atrasado em que nos encontramos individual e coletivamente no desenvolvimento humano, no equilíbrio pessoal, no amadurecimento social. E somente podemos educar para a autonomia, para a liberdade com processos fundamentalmente participativos, interativos, libertadores, que respeitem as diferenças, que incentivem, que apoiem, orientados por pessoas e organizações que aprendem a ser mais livres e autônomas.

A comunicação clara e a comunicação ambígua na educação

Há diferenças significativas nas formas de comunicarmo-nos. Algumas delas expressam claramente a mensagem e a intenção de quem está falando. Há outras que deixam o interlocutor confuso, ou porque as mensagens admitem várias interpretações, ou porque não consegue ter *certeza das reais intenções* de quem está falando.

É frequente haver falhas de comunicação da intenção. Professores muito controlados, "secos", que sentem dificuldade em abraçar, em expressar emoções, têm mais dificuldades em passar aos alunos o seu afeto real e toda a sua riqueza interior.

Climas de entendimento

"Mesmo as mais difíceis tensões e exigências tornam-se mais solúveis num ambiente humano de compreensão e respeito mútuos" (Rogers 2001, p. 66). Em todas as organizações, das mais enxutas, como a família urbana, até as grandes transnacionais, convivemos com pessoas e grupos que se afinam mais ou menos conosco. Se reafirmarmos continuamente a atitude de entendimento e de aproximação, facilitaremos as mudanças. As pessoas maduras criam em torno de si clima de entendimento, mesmo havendo divergências sérias. Procuram minimizar os problemas e encontrar a convergência, os pontos de aproximação. E, quando há diferenças irreconciliáveis, mantêm a discussão no nível das ideias, não no das emoções, principalmente as negativas como o ciúme, a inveja, a agressão. "Dado um clima psicológico adequado, o ser humano é digno de confiança, criativo, automotivado, poderoso e construtivo – capaz de realizar potencialidades jamais sonhadas" (*ibid.*).

O grande problema das organizações é educacional, não só no sentido habitual de desenvolvimento de habilidades intelectuais, mas de desenvolvimento humanizador, pessoal e interpessoal. Isso se aplica também às escolas e universidades. É importante fazer um trabalho educacional que incentive as pessoas, mexa mais nos sentimentos positivos do que nos negativos, apoie o intercâmbio, a troca, o compartilhamento de ideias e projetos. A educação positiva ajudará as pessoas a criar confiança em si, a enfrentar melhor as dificuldades, a ter uma visão positiva da vida. Com pessoas mais abertas e equilibradas, é mais fácil mudar, cooperar, desenvolver organizações mais flexíveis e inovadoras.

Foco na formação do aluno empreendedor

Esse é um campo quase inexplorado. A maior parte das iniciativas da escola e da universidade permanece na aprendizagem intelectual de conteúdos. Professores e alunos estão acostumados a seguir modelos, receitas, fórmulas, padrões.

> O ensino universitário brasileiro sempre foi voltado para a formação de empregados. Nos cursos de administração de empresas, o currículo é dirigido principalmente para a formação de gerentes, e a abordagem de ensino elege a grande empresa como tema central, ignorando como regra o estudo da pequena empresa. Em todos

os cursos universitários, a "cultura" do ensino pressupõe que o aluno esteja à busca de uma qualificação que lhe garanta um emprego. (Dolabela 1999)

A universidade e a empresa continuam bastante distantes, apesar de algumas iniciativas importantes, como a criação de parques tecnológicos e de empresas incubadoras. Dentro das universidades, há visões antagônicas sobre essa relação mais estreita e colaborativa.

O foco para a mudança é desenvolver alunos criativos, inovadores, corajosos. Alunos e professores que busquem soluções novas, diferentes, que arrisquem mais, que relacionem mais, que saiam do previsível, do padrão.

> Ninguém é autônomo primeiro para depois decidir. A autonomia vai se constituindo na experiência de várias, inúmeras decisões que vão sendo tomadas.
> A autonomia, como amadurecimento do ser para si, é processo, é vir a ser. É nesse sentido que uma pedagogia da autonomia tem de estar centrada em experiências estimuladoras da decisão e da responsabilidade, vale dizer, em experiências respeitosas da liberdade. (Freire 2003, p. 107)

A escola, segundo o empresário Wong, deve desenvolver os potenciais dos alunos com foco na imaginação e na criatividade. Mas ele alerta que de nada adianta ter criatividade sem espírito empreendedor: "O brasileiro tem muita iniciativa, mas falta 'acabativa'", brincou, ao comentar que são poucas as pessoas que conseguem realmente colocar em prática suas ideias.[6] "Precisamos ter claro que a escola não deve preparar o aluno para passar de ano, mas, sim, para ser um cidadão empreendedor. Ele deve crescer pensando em fazer algo diferente, que o entusiasme. E o papel da escola é ver até onde ele chega", afirma. O aluno brasileiro, segundo o executivo, sai da escola à procura de um bom emprego, ao passo que o norte-americano busca um bom negócio. "É isso que precisamos mudar", complementa.[7]

---

6. Marina Rosenfeld. "'Guru' de recursos humanos critica escolas", disponível em http://www2.uol.com.br/aprendiz/noticias/congressos/id200504_02.shtml.
7. *Ibidem.*

Outra crítica de Wong diz respeito ao fato de os alunos serem condicionados a tomar atitudes reativas em relação a qualquer situação: "É preciso que o estudante seja proativo e agente de mudanças e não que fique esperando que apareçam oportunidades". De acordo com ele, essa atitude reativa se reflete no profissional que o aluno se tornará no futuro. A sociedade precisa de pessoas inovadoras, que se adaptem a novos desafios, possibilidades, trabalhos, situações. É difícil ser empreendedor numa escola convencional, focada em disciplinas e ensino de conteúdos, com professores preparados para repetir informações, fórmulas, procedimentos.

- Como ser criativo com uma formação repetidora, castradora?
- Como incentivar o empreendedorismo com uma formação conservadora, acomodada, voltada para a segurança?
- Como incentivar o empreendedorismo, se damos provas de memorização e repetição?

Precisamos trabalhar os professores, os gestores e os alunos; focar a pesquisa, o novo, encontrar ângulos, exemplos, relações, adaptações diferentes; superar a aprendizagem meramente intelectual e vivenciar mais os projetos, as experiências e a resolução de problemas; propor e implementar ações baseadas em informações. É uma nova postura proativa, que contrasta com a forma tradicional de aprender, com base em reflexões feitas por terceiros.

É preciso sensibilizar e capacitar os professores para ações inovadoras, para tomar mais a iniciativa, para explorar novas possibilidades nas suas atividades didáticas, na sua carreira, na sua vida. Sensibilizar os alunos para desenvolver novas atividades na sala de aula, no laboratório, em ambientes virtuais, mantendo vínculos diretos com a prática. Sair mais da sala de aula para inserir-se no cotidiano do bairro, no conhecimento e no contato com pessoas, prédios, grupos, instituições próximas ou que tenham a ver com a área de conhecimento escolhida. É preciso trabalhar também com os pais, para que se modifiquem e estimulem os filhos a aprender a planejar, a estabelecer metas. E, finalmente, inserir a escola, como organização que dissemina na cidade a sua visão empreendedora.

Foco na formação do cidadão

"A educação deve contribuir para o desenvolvimento total da pessoa – espírito e corpo, inteligência, sensibilidade, sentido estético, responsabilidade pessoal, espiritualidade" (Delors 2001, p. 99).

Não basta formar alunos empreendedores, se não têm uma formação social, uma preocupação com os outros e um comportamento ético. O foco da educação não pode permanecer somente no nível pessoal, individual, na preparação profissional. Por isso, é importante focar também o desenvolvimento social, o engajamento numa sociedade mais justa, o compromisso do conhecimento pessoal com os que convivem conosco, com o país, com o planeta, com o universo. A educação precisa que cada aluno se insira na comunidade, desenvolva sua capacidade de assumir responsabilidades e direitos.

> A tarefa mais fundamental do professor é semear desejos, estimular projetos, consolidar com arquitetura de valores que os sustentem e, sobretudo, fazer com que os alunos saibam articular seus projetos pessoais com os da coletividade na qual se inserem, sabendo pedir junto com os outros, sendo, portanto, competentes. (Machado *in* Perrenoud *et al.* 2002, p. 154)

Para isso, o essencial na formação do educador é sua visão política do mundo, é a sua postura diante do mundo, da vida, da sociedade. Não basta só preparar professores competentes intelectualmente, é preciso que tenham uma visão transformadora do mundo.

A ética não pode ser só uma matéria teórica, deve principalmente ser uma vivência prática. A educação pode transformar-se num processo de aprendizagem de humanização, de tornar professores e alunos pessoas mais plenas, abertas, generosas, equilibradas. "Não podemos nos assumir como sujeitos da procura, da decisão, da ruptura, da opção, como sujeitos históricos, transformadores, a não ser assumindo-nos como sujeitos éticos" (Freire 2003, p. 17).

Pela educação, podemos aprender a integrar corpo e mente, sensações, emoções, razão, intuição. Podemos sentir e pensar com todo o corpo, como um todo, não só com a cabeça. Podemos perceber, sentir, entender, compreender, agir pessoal e socialmente, como pessoas cidadãs responsáveis e autônomas. Pela educação comunicativa, vamos construindo redes complexas de interação pessoal, grupal e social. Quanto mais ricas essas redes, mais nos realizaremos como pessoas e mais úteis nos tornaremos para os grupos e organizações aos quais nos vinculamos.

É importante educar para o conhecimento integral, para integrar todas as dimensões, para ampliar a consciência pessoal, interpessoal, social e ecológica, universal, cósmica. Buscar conhecer os outros, romper barreiras, compreender as diferenças, interagir com os demais em níveis mais ricos e amplos. Educar para a responsabilidade social, para a inserção de cada aluno no seu bairro, na sua cidade, no seu país e no mundo.

O processo de educar torna-se cada vez mais abrangente, mais amplo, até a inclusão total: educar para a totalidade, para a sustentabilidade da Terra, da vida em todas as suas dimensões. Um jornalista de Israel perguntou a Paulo Freire, na sua última entrevista, em 17 de abril de 1997: "Como é que você gostaria de ser lembrado?" E Freire respondeu: "Eu gostaria de ser lembrado como alguém que amou a vida, que amou as mulheres, que amou os homens, que amou as plantas, os rios, os animais, a Terra".[8]

Uma nova competência que precisa ser desenvolvida hoje é a de saber conviver nos espaços virtuais, saber comportar-se na comunicação *on-line*, nos diversos espaços digitais pelos quais nos movemos, respeitar a diversidade, comentar com equilíbrio opiniões diferentes ao divulgar informações sobre terceiros.

Há uma série de dificuldades na formação do aluno-cidadão: a mais séria é o individualismo, fortemente incentivado pela sociedade de consumo, pela mídia que enaltece valores diferentes dos da escola. A mídia, principalmente a televisão, e, mais especificamente, a publicidade, valorizam a ascensão individual, o *self-made man*, a competição, a aparência, o ter

---

8. Depoimento de Moacir Gadotti na palestra "Educação e desigualdade social", no congresso "Educação e Transformação Social", Sesc Santos, maio de 2002, disponível em http://www.sescsp.org.br/sesc/Conferencias/subindex.cfm?referencia=2898&autor=163&ParamEnd=6&ID=44.

como mais importante que o ser, ao passo que a escola procura valorizar também o coletivo, a colaboração, a cooperação. A televisão mostra os valores despretensiosamente, enquanto nos entretém. A adesão do público é voluntária. A escola rema contra a corrente dominante e obriga o aluno a fazer escolhas mais difíceis, que exigem muito mais maturidade. O idealismo social é mais difícil de perceber do que a valorização individual.

No Brasil, a educação ética é fundamental, porque é um dos países mais desiguais do mundo, com um relativo bom desempenho econômico, que não é acompanhado por índices semelhantes de desenvolvimento humano. Convivem no país uma agricultura e negócios do campo avançados com a exploração, que chega até a escravidão dos trabalhadores. Apesar de o PIB por habitante do Brasil ser semelhante ao de alguns países de alto desenvolvimento humano, 20% da população mais pobre do Brasil têm acesso a apenas 2% da renda ou do consumo, já os 20% mais ricos detêm 64,4% da riqueza.[9]

A escola não pode ser muito diferente da sociedade, porque é formada por pessoas do mesmo agrupamento e também vive nela. Politicamente, precisamos fazer todo o esforço possível para que a escola seja um lugar de colaboração, de inclusão, de aumento de consciência. Mas não se pode esperar uma escola "ideal" numa sociedade desigual, complicada, contraditória. Por outro lado, é na escola que podemos experimentar situações novas de mudança, mesmo que parciais, de aprendizagens de novos modelos, novas formas de colaboração. Podemos realizar atividades inovadoras juntos, porque o resultado não se expressa necessariamente na venda de um produto, em metas puramente econômicas de conquista de mercado. A escola pode arriscar mais, permitir-se aprender com os erros e buscar o desconhecido, ao menos em parte.

A escola pode incluir a comunidade ao seu redor, criar pontes para as situações reais de aprendizagem existentes, vivenciadas na prática. Pode oferecer espaços de atualização para famílias e comunidade e, em troca, abrir-se para que os alunos façam pesquisas, tenham contato com o cotidiano.

---

9. Dados do relatório do Programa das Nações Unidas para o Desenvolvimento (Pnud) divulgado em 15/7/2004.

Uma escola fechada com muros altos e grades é um exemplo de insucesso pedagógico. Se está situada em uma região carente, tem de dialogar com as pessoas, os grupos, a comunidade. Se é mais rica do que o ambiente que a rodeia, deve abrir-se com mais razão ainda, oferecer seus serviços, mostrar que o bairro ganha com essa integração. A escola precisa, "além de envolver e qualificar as famílias, acionar as diferentes esferas do governo (saúde, geração de renda, esporte, saúde) e transformar toda a cidade em espaços educativos, tirando proveito dos cinemas, teatros, parques, empresas, museus."[10]

A escola não pode apenas ensinar a aprender, preparar só para a vida profissional. A educação social é importante, para compreender as raízes da desigualdade e para encontrar meios de diminuí-la. A ética inclui a integração com todas as dimensões ecológicas, com os seres vivos, as plantas, a Terra, o universo. Temos de aprender a nos sentir parte do planeta, superando divisões territoriais, étnicas, religiosas, até que nos sintamos parte deste grande universo.

Um outro obstáculo importante é que a ética, com frequência, permanece no nível do discurso, da pregação, mas precisaria estar ancorada na prática, no exemplo. E há uma grande distância entre a ética pregada (teoria) e a cumprida (prática), tanto na escola como na sociedade. Essa distância complica muito a aprendizagem efetiva e a incorporação de valores fundamentais.

Estes quatro focos ou eixos – o conhecimento integrador, o desenvolvimento da autoestima, a formação do aluno-empreendedor e a construção do aluno-cidadão – relacionam-se com os quatro pilares da educação do relatório Delors (2001, p. 90): saber compreender, fazer, comunicar-se e ser. Aprender a compreender implica lidar com a complexidade, a ignorância, o erro, a descoberta, a infindável caminhada ao longo da vida, tornar o conhecer um objetivo de realização pessoal e social. Aprender a fazer lembra a relação necessária entre teoria e prática, entre fazer e compreender e desafia nossa organização educacional, muito

---

10. Gilberto Dimenstein. "A escola dos sonhos", disponível em http://www1.folha.uol.com.br/folha/pensata/ult508u334.shtml.

mais focada na leitura do que na experiência. Aprender a comunicar-se é um dos componentes essenciais do educar: aprendemos quando nos comunicamos, quando trocamos, quando somos reconhecidos. E aprender a ser parece simples, mas é sutil e complexo, porque implica aprender a integrar valores, práticas, reflexões e atitudes de vida. São quatro pilares fundamentais para a aprendizagem individual e social e para o ensino, em qualquer área.

A ética, em todas as instituições e na escola também, ensina-se mais pelo exemplo do que pela palavra. Uma escola séria, de qualidade, transmite seus valores nas situações cotidianas. A escola especificamente pode preocupar-se com a ética como um tema fundamental, transversal a todas as áreas e disciplinas. Todos somos responsáveis por dar um enfoque ético às situações didáticas que se apresentam. A escola precisa propor atividades em que os alunos exerçam sua responsabilidade e que isso faça parte do projeto pedagógico, que não seja simplesmente colocado como ação voluntária. A ética se pratica em propostas organizadas e valorizadas institucionalmente.[11]

Um dos desafios é como transformar a informação em conhecimento e em sabedoria. Sabedoria é um conhecimento integrado com a dimensão ética. A universidade prepara para o conhecimento, mas o conhecimento pode ser usado para explorar o outro, para manter a desigualdade de um país. Então, na universidade, muitas pessoas se preparam para servir aos grupos que têm mais dinheiro, esquecendo-se da maioria. Falta-lhes a visão social. O conhecimento parcial não integra a competência intelectual, emocional e ética. Este é o desafio: como juntar tudo isso numa sociedade tão desestruturada? Como juntar o intelectual com o emocional e o ético e não ver o ético como uma espécie de carga, mas como crescimento pessoal? A pessoa que evolui percebe que se comportar honestamente não é ser otária, pelo contrário, significa gostar de si mesma. Otário é o desonesto, aquele que leva vantagem. Este está atrasando a evolução dele e de toda a sociedade. Está complicando tudo, mas infelizmente muita gente ainda não percebe isso.

---

11. Ver o artigo de Cláudio de Moura Castro, "Escola para cidadania", disponível em http://novaescola.abril.com.br/cidadania.doc.

Como se comunicar de uma forma coerente numa sociedade em que predominam o *marketing*, as meias verdades? Isso também é um desafio. A comunicação autêntica faz avançar mais o processo de compreensão da realidade, mas, ao mesmo tempo, nossas falas ficam cada vez mais superficiais. Falamos muito, passamos o tempo todo falando, mas com frequência, não nos revelamos, falamos de tudo, menos de nós mesmos, nos escondemos atrás das palavras.

O desafio é como sermos educadores de pessoas competentes e integradas. Se somos mais integrados, mais equilibrados, nosso processo de comunicação com os alunos flui, a credibilidade aumenta. No entanto, esse é um processo em que muitas pessoas ainda não acreditam.

Foco na organização flexível da aprendizagem

A aprendizagem na sociedade do conhecimento não pode permanecer confinada à sala de aula, aos modelos convencionais. Um dos eixos fundamentais é mudar a configuração da escola, do currículo e do educador. A escola, como espaço de múltiplas e ricas aprendizagens, que acontecem também na família, na cidade, nos espaços virtuais, tem de adotar processos mais flexíveis, menos prontos e impositivos, em que os professores sejam tutores, mediadores e orientadores dos alunos. O ensino deve ser focado em projetos, pesquisa, colaboração presencial-virtual, individual-grupal.

Se mantivermos engessados os modelos de educação escolar, não conseguiremos preencher as necessidades da sociedade do conhecimento, que precisa de cidadãos criativos, proativos, empreendedores e comunicativos.

Consequências para a educação

Já não há lugar na educação, principalmente na área de humanas, para a busca pela resposta certa, única, correta. Temos respostas aproximadas, prováveis, adequadas ao momento. Não há sentido em testes de múltipla escolha, em avaliação de conteúdo único. A aprendizagem precisa ser ativa, focada na experiência, em projetos, em solução de problemas, em criação de situações novas. Já não há sentido em aulas só de conteúdo teórico, memorização, competição.

Professores afetivos e climas de entendimento com os alunos não se improvisam, não surgem do nada. É importante enfatizar a formação de professores nestas novas dimensões: a emocional, a empreendedora e a ética. O professor tem de passar por experiências de risco, de criatividade, de inovação. Os cursos atuais de formação não se preocupam com isso. A aprendizagem intelectual deve ser mais humilde, construída, interativa e integrada com o risco, com a visão integradora, contextualizada e afetiva. Todos os professores e alunos deveriam passar por etapas de aprendizado dessas novas situações. Os alunos necessitam, em todas as etapas da aprendizagem, de uma vinculação profunda com a realidade, principalmente com a realidade carente, pobre, diferente. O aluno aprende mais se combina estudo com projetos e com imersão em atividades sociais e culturais com grupos diferentes dos que está habituado. Todos os programas, em todos os níveis educacionais, podem incorporar tempos específicos de prestação de serviços, de colaboração com os menos favorecidos, de retribuição do que a sociedade oferece para que dediquemos tantos anos a aprender.

3
NOVOS DESAFIOS PARA O EDUCADOR

> *Continuo buscando, re-procurando.*
> *Ensino porque busco, porque indaguei, porque indago e me indago.*
> **Pesquiso para conhecer o que ainda não conheço**
> *e comunicar e anunciar a novidade.*
> Paulo Freire

O mais importante no educador

O importante, como educadores, é acreditarmos no potencial de aprendizagem pessoal, na capacidade de evoluir, de integrar sempre novas experiências e dimensões do cotidiano, ao mesmo tempo que compreendemos e aceitamos nossos limites, nosso jeito de ser, nossa história pessoal.

Ao educar, tornamos visíveis nossos valores, atitudes, ideias, emoções. O delicado equilíbrio e a síntese que fazemos no dia a dia transparecem nas diversas situações pedagógicas em que nos envolvemos. Os alunos e os colegas percebem como somos, como reagimos diante de diferenças de opinião, situações adversas, conflitos de valores. O que expressamos em cada momento, como pessoas, é tão importante quanto o conteúdo explícito de nossas aulas. A postura diante do mundo e dos outros é importante como facilitadora ou complicadora dos relacionamentos que se estabelecem com os que querem aprender conosco. Se gostamos de aprender, temos o desejo de que os outros aprendam. Se mostramos uma visão confiante e equilibrada da vida, facilitamos nos outros a forma de lidar com problemas, mostramos que é possível avançar no meio das dificuldades. Alguns educadores confundem visão crítica com pessimismo estrutural; só transmitem aos alunos visões negativas e desanimadoras da realidade. Esse substrato pessimista interfere profundamente na visão dos alunos. Da mesma forma, educadores com credibilidade e visão construtiva da vida contribuem muito para que os alunos se sintam motivados a continuar, a querer aprender, a aceitar-se melhor.

O educador é um ser complexo e limitado, mas sua postura pode contribuir para reforçar que vale a pena aprender, que a vida tem mais aspectos positivos que negativos, que o ser humano está evoluindo, que pode se realizar cada vez mais. Pode ser luz no meio de visões derrotistas, negativas, muito enraizadas em sociedades dependentes como a nossa.

Vejo, hoje, o educador como um orientador, um sinalizador de possibilidades, em que ele também está envolvido e se coloca como um dos exemplos das contradições e da capacidade de superação que todos temos. O educador é um testemunho vivo de que podemos evoluir sempre, ano após ano, tornando-nos mais humanos, mostrando que vale a pena viver.

Numa sociedade em mudança acelerada, além da competência intelectual, do saber específico, precisamos de educadores-luz, testemunhos vivos de formas concretas de realização humana, de integração progressiva, seres imperfeitos que vão evoluindo, humanizando-se, tornando-se mais simples e profundos ao mesmo tempo.

A aprendizagem de ser educador

O educador é especialista em conhecimento, em aprendizagem. Como tal, espera-se que, ao longo dos anos, aprenda a ser um profissional equilibrado, experiente, evoluído, que construa sua identidade pacientemente, integrando o intelectual, o emocional, o ético, o pedagógico.

O educador pode ser testemunha da aprendizagem contínua. Testemunho impresso nos seus gestos e na personalidade de que evolui, aprende, humaniza-se, torna-se pessoa mais aberta, acolhedora, compreensiva. Testemunha, também, das dificuldades de aprender, das dificuldades de mudar, das contradições do cotidiano, da aprendizagem de compreender-se e compreender.

Com o passar do tempo, o educador vai mostrando uma trajetória coerente, de avanços, de sensatez e firmeza. Passa por etapas em que se sente perdido, angustiado, sem foco. Retoma o rumo, depois, revigorado, estimulado por novos desafios, pelo contato com os alunos, pela vontade de continuar vivendo, aprendendo, realizando-se e frustrando-se, às vezes, mas mantendo o impulso de avançar. Há momentos em que se sente perdido, desmotivado. Educar tem muito de rotina, de repetição, de decepção. É um campo cada vez mais tomado por investidores, por pessoas que buscam lucros fáceis. E o educador sente-se parte de uma máquina, de uma engrenagem que cresce desproporcionalmente. Sente-se, em alguns momentos, insignificante, impotente, um número que pode ser substituído por muitos colegas ansiosos por encontrar trabalho. Sabe que sua experiência é importante, mas também que a concorrência é grande e que há muita gente disposta a ensinar por salários menores.

Ensinar tem momentos glamourosos, em que os alunos participam, envolvem-se, trazem contribuições significativas. Mas muitos outros momentos são banais; parece que nada acontece. É um entra e sai de rostos que se revezam no mesmo ritmo semanal de aula, exercícios, mais aulas, provas, correções, notas, novas aulas, novas atividades... A rotina corrói uma parte do sonho, a engrenagem despersonaliza, a multiplicação de instituições escolares torna previsíveis as atividades profissionais. Há um aumento de oferta profissional (mais vagas para professor), junto com uma diminuição das exigências para a profissão (mais fácil ter diploma, muitos estudantes em fase final contratados, aumento da concorrência). A tentação da mediocridade é real. Basta ir seguindo, para ficar anos como docente, ganhar um salário seguro, razoável. Os anos vão passando e, quando o professor percebe, já está na fase madura e se acomodou.

As etapas da aprendizagem do docente

Apesar de cada docente ter sua trajetória, há pontos coincidentes na evolução profissional. Relato a seguir uma síntese de questões que costumam aparecer – com muitas variáveis – na trajetória de muitos professores, baseado em minha observação e experiência.

A iniciação

Recém-formado, o professor começa a ser chamado para substituir um colega em férias, uma professora em licença-maternidade, dar algumas aulas no lugar de professores ausentes. Ainda se confunde com o aluno, intimamente se sente aluno, mas percebe que é visto pelos alunos como uma mistura de professor e aluno. Luta para se impor, para impressionar, para ser reconhecido. Prepara as aulas, traz atividades novas, preocupa-se em cativar os alunos, em ser aceito. Sente medo de ser ridicularizado em público com alguma pergunta impertinente ou muito difícil. Tem medo dos que o desafiam, dos alunos que não ligam para as suas aulas, dos que ficam conversando o tempo todo. Procura ser inovador e, ao mesmo tempo, percebe que reproduz algumas técnicas de lecionar que vivenciou como aluno, algumas até criticadas por ele mesmo. É uma etapa de aprendizagem, de insegurança, de entusiasmo e de muito medo de fracassar.

O tempo passa, os alunos vão embora, chegam outros, em outro semestre, e o processo recomeça. Agora, o professor já tem uma noção mais clara do que o espera. Planeja com mais segurança o novo semestre, repete alguns "macetes" que deram certo, busca textos diferentes, inova um pouco, arrisca mais. Vê que algumas atividades funcionam sempre e outras não. Descobre que toda turma tem comportamento semelhante, mas reage de forma diferente às mesmas propostas. E assim vai, por tentativa e erro, aprendendo a diversificar, a desenvolver um *feeling* de como está cada classe, de quando vale a pena insistir na aula teórica planejada e quando é preciso introduzir uma nova dinâmica, contar uma história, passar um vídeo, apressar o fim da aula etc.

A consolidação

De semestre em semestre, o jovem professor vai consolidando o seu jeito de ensinar, de lidar com os alunos, com as áreas de atuação. Consegue ter maior domínio de todo o processo. Isso lhe dá segurança, tranquilidade. Os colegas e coordenadores o indicam para novas turmas, novas disciplinas, novas instituições. Multiplica o número de aulas. Aumenta o número de alunos. É frequente, no ensino superior particular, um professor ter mais de 500 alunos por semana. Forma uma família. Vira um "tocador" de aulas. Cada vez mais, precisa aumentar o número de aulas, para manter a renda. Desenvolve algumas fórmulas para se poupar. Repete o mesmo texto em várias turmas e, às vezes, em várias disciplinas. Utiliza um mesmo vídeo para diversos temas. Dá trabalhos bem parecidos para turmas diferentes, em grupo. Lê cada vez mais rapidamente os trabalhos e as provas. Faz comentários genéricos: "continue assim", "insuficiente", "esforce-se mais", "parabéns", "interessante". Prepara as aulas em cima da hora, com poucas mudanças. Repete fórmulas, métodos e técnicas aprendidos por longo tempo.

Crise de identidade

Sempre há alguma crise, mas essa é diferente: pega o professor em cheio. Aos poucos, dar aula se torna cansativo, repetitivo, insuportável. Parece que alguns coordenadores são mais "chatos", "pegam mais no pé". Algumas turmas também "não querem nada com nada". As reuniões de professores são todas iguais, pura perda de tempo. Os salários são baixos. Outros colegas mostram que ganham mais em outras profissões. Renova-se a dúvida: vale a pena ficar como está ou dar uma guinada na vida profissional?

Por enquanto, "vai tocando". Torce para que haja muitos feriados, para que os alunos não venham em determinados dias. Qualquer motivo justifica não dar aula. Cria muitas atividades em classe: leituras em grupo, pesquisa na biblioteca, na internet, vídeos longos. Isso lhe permite descansar um pouco, ficar na sala dos professores, poupar a voz.

Muitas vezes, essa crise profissional vem acompanhada de uma crise afetiva. Sente-se, intimamente, bastante só, apesar das aparências. E, em algum momento, a crise bate mais fundo: "o que é que eu faço aqui?"; "qual é o sentido da minha vida?"; "tem tanta gente que sabe menos e está melhor!"; "como defender uma sociedade mais justa num país onde só os mesmos ficam mais e mais ricos?".

Olha para trás e vê muitos recém-formados ansiosos para entrar na escola de qualquer jeito, ganhando menos do que ele. E esses jovens "petulantes" têm outra linguagem, dominam mais a internet, estão cheios de ideias. Embora faça cursos de atualização, sente-se ultrapassado em muitos pontos. Sempre foi preparado para dar respostas, para ser o centro do saber e agora descobre que não tem certezas, que cada vez sabe menos, que há muitas variáveis para uma mesma questão e que novas pesquisas questionam verdades que pareciam definitivas. Essa sensação de estar fora do lugar, de inadequação, vai aumentando e um dia explode. A crise se generaliza. Nada faz sentido. A depressão toma conta dele. Já não tem vontade de levantar, chega atrasado, falta cada vez mais.

Mudanças

Diante de crises, alguns professores desistem, "jogam a toalha". Outros procuram saídas, fugas e terminam se acalmando e se acomodando. Tornam-se previsíveis, repetitivos. Outros ainda, diante da insatisfação, procuram uma nova atividade profissional, mais empolgante, e dão aulas como complemento, como "bico". Encontramos também os que, nas crises, procuram refletir sobre sua vida profissional e pessoal, encontrar caminhos, reaprender a aprender. Atualizam-se, observam mais, conversam, meditam. Aos poucos, buscam uma nova síntese, um novo foco. Começam pelo externo, por estabelecer um relacionamento melhor com os alunos, procurando escutá-los mais. Preparam melhor as aulas, utilizam novas dinâmicas, novas tecnologias. Leem novos autores, abrem novos horizontes. Refletem mais, ouvem mais. Descobrem que precisam se aceitar melhor, ser mais humildes e confiantes. E assim, pouco a pouco, redescobrem o prazer de ler, de aprender, de ensinar, de viver. Estão mais atentos ao que acontece ao seu lado e dentro de si. Procuram simplificar a vida, consumir menos, relaxar mais. Veem exemplos de pessoas que envelhecem motivadas para aprender e isso lhes dá estímulo para seguir adiante, para renovar-se todos os dias. Tornam-se mais humanos, acolhedores, compreensivos, tolerantes, abertos. "Sinto-me como alguém que envelhece crescendo" (Rogers 1992, p. 33). Essa é a atitude maravilhosa de quem gosta de aprender. Aprender dá sentido à vida, a todos os momentos dela, mesmo quando está no fim.

Há professores que se burocratizam na profissão. Outros se renovam com o tempo, tornam-se pessoas mais humanas, ricas e abertas. As chances são as mesmas; os cursos são os mesmos; os alunos também são iguais. A diferença é que uma parte muda de verdade, busca novos caminhos, e a outra se acomoda na mediocridade, esconde-se nos ritos repetidos. Muitos professores se "arrastam" pelas salas de aula, ao passo que outros, nas mesmas circunstâncias, encontram forças para continuar, melhorar, realizar-se.

O educador bem-sucedido

Por que, nas mesmas escolas, nas mesmas condições, com a mesma formação e os mesmos salários, uns professores são bem-aceitos, conseguem atrair os alunos e realizar um bom trabalho profissional, e outros não?

Não há uma única forma ou um único modelo. Isso depende muito de personalidade, competência, facilidade de aproximar e gerenciar pessoas e situações. Uma das questões que determinam o sucesso profissional maior ou menor do educador é a capacidade de relacionar-se, de comunicar-se, de motivar o aluno de forma constante e competente. Alguns professores conseguem uma mobilização afetiva dos alunos pelo magnetismo pessoal, pela simpatia, pela capacidade de sinergia, de estabelecer um *rapport*, uma sintonia interpessoal grande. É uma qualidade que pode ser desenvolvida, mas alguns a possuem em grau superlativo e a exercem intuitivamente, o que facilita o trabalho pedagógico.

Uma das formas de estabelecer vínculos é mostrar genuíno interesse pelos alunos. Os professores de sucesso não se preparam para o fracasso, mas para o êxito em seus cursos. Preparam-se para desenvolver um bom relacionamento com os alunos e para isso os aceitam afetivamente antes de os conhecerem, predispõem-se a gostar deles antes de começar um novo curso. Essa atitude positiva é captada consciente e inconscientemente pelos alunos, que reagem da mesma forma, dando-lhes crédito, confiança, alimentando expectativas otimistas. O contrário também acontece: professores que se preparam para a aula prevendo conflitos, que estão cansados da rotina, passam consciente e inconscientemente esse mal-estar, que é correspondido com desconfiança dos alunos, distanciamento, expectativas pessimistas.

É muito tênue o que fazemos em aula para facilitar a aceitação ou provocar a rejeição. É um conjunto de intenções, gestos, palavras e ações traduzidos pelos alunos como positivos ou negativos, que facilitam a interação, o desejo de participar de um processo grupal de aprendizagem, de uma aventura pedagógica, o desejo de aprender ou, pelo contrário, levantam barreiras e desconfianças que desmobilizam.

O sucesso pedagógico depende também da capacidade de expressar competência intelectual, de mostrar que conhecemos de forma pessoal determinadas áreas do saber, que as relacionamos com os interesses dos alunos, que podemos aproximar a teoria da prática e a vivência da reflexão teórica.

A coerência entre o que o professor fala e o que faz na vida é um fator importante para o sucesso pedagógico. Se um professor une sua competência intelectual, emocional e ética, causa um profundo impacto nos alunos. Estes estão muito atentos à pessoa do professor, não somente ao que ele fala. A pessoa fala mais que as palavras. A junção da fala competente com a pessoa coerente é didaticamente poderosa.

As técnicas de comunicação também são importantes para o sucesso do professor. Um educador que fala bem, que conta histórias interessantes, que tem *feeling* para sentir o estado de ânimo da classe, que se adapta às circunstâncias, que sabe jogar com as metáforas, o humor, que usa as tecnologias adequadamente, sem dúvida, consegue bons resultados com os alunos. Estes gostam do *professor que os surpreende*, que traz novidades, que varia técnicas e métodos de organizar o processo de ensino-aprendizagem.

Ensinar sempre será complicado, pela distância profunda que existe entre adultos e jovens. Por outro lado, essa distância nos torna interessantes, justamente porque somos diferentes. Podemos aproveitar a curiosidade que suscita encontrar uma pessoa com mais experiência, realizações e fracassos. Um dos caminhos de aproximação ao aluno é pela comunicação pessoal de vivências, histórias, situações que ele ainda não conhece em profundidade. Outro é o da comunicação afetiva, da aproximação pelo gostar, pela aceitação do outro como ele é e encontrar o que une, o que identifica, o que se tem em comum.

Um professor que se mostra competente, humano, afetivo, compreensivo atrai os alunos. Não é a tecnologia que resolve esse distanciamento, mas ela pode ser um caminho para a aproximação mais rápida: valorizar a rapidez, a facilidade com que crianças e jovens se expressam tecnologicamente ajuda a motivá-los, a querer se envolver mais. Podemos aproximar nossa linguagem da deles, mas ela sempre será muito diferente. O que facilita são as entrelinhas da comunicação linguística: a entonação, os gestos aproximadores, a gestão de processos de participação e acolhimento, dentro dos limites sociais e acadêmicos possíveis.

O educador não precisa ser "perfeito" para ser um bom profissional. Fará um grande trabalho apresentando-se da forma mais próxima ao que ele é naquele momento, "revelando-se" sem máscaras, sem jogos. Quando se mostra como alguém que está atento para evoluir, aprender, ensinar. O bom educador é um otimista, sem ser "ingênuo", consegue "despertar", estimular, incentivar as melhores qualidades de cada pessoa.

O professor-aprendiz

Quando pensamos em educação, costumamos pensar no outro, no aluno, no aprendiz e esquecer como é importante olhar os profissionais do ensino como sujeitos e objetos também de aprendizagem. Ao enfocá-los como aprendizes, muda-se a forma de ensinar. Se nos vemos como aprendizes, antes de professores, adotamos uma atitude mais atenta, receptiva e temos mais facilidade de nos colocar no lugar do aluno, de nos aproximar da maneira como ele vê, de modificar nossos pontos de vista.

A atitude primeira do educador profissional de se perceber como aprendiz o torna atento ao que acontece ao seu redor, sensível às informações do ambiente, dos outros. É preciso que ele se coloque junto com o aluno como professor-ensinante e professor-aprendiz. Isso parece óbvio, ou só um jogo de palavras, mas não é, e essa mudança de atitude tem grandes consequências. Se nos colocamos, como professores, sempre e somente no lugar dos alunos, trabalhamos com informações úteis para eles, adquirimos uma grande capacidade de senti-los, de adaptar a nossa linguagem, de sintonizar com suas aspirações, e isso é bom. Se, ao mesmo tempo em que pensamos no aluno, também nos sentimos como alunos, estamos aprendendo junto, fazemos a ponte entre informação, conhecimento e sabedoria, entre a teoria e a prática, entre o conhecimento adquirido e o novo.

Quais são as consequências? Se aprendermos mais, de verdade, se incorporarmos a aprendizagem mútua, evoluiremos mais rapidamente, entenderemos melhor os mecanismos envolvidos na aprendizagem, as dificuldades, os conflitos pessoais e os dos nossos alunos. Se aprendemos mais e melhor, só nos falta encontrar o caminho para nos comunicarmos com os alunos, sermos mediadores entre o ponto em que nos encontramos e o ponto no qual eles estão.

Educadores são pessoas com dificuldades e problemas, como qualquer outra, mas deles se espera que, como especialistas em conhecimento e aprendizagem, consigam compreender melhor as questões fundamentais do mundo, dos outros e de si mesmos, que saibam fazer escolhas sensatas e mostrar na prática o que aprenderam teoricamente.

É preocupante o contraste entre o que se espera de muitos educadores com currículos brilhantes e o que se observa no seu comportamento prático, tão egocêntrico e insensível. Por outro lado, é muito gratificante encontrar educadores e gestores com grande capacidade de compreender, ouvir e aprender; educadores nos quais podemos confiar e que estão prontos a nos ajudar a crescer. Nesta sociedade altamente tecnológica e complexa, é deles, educadores humanistas, que precisamos mais do que nunca.

Roteiros previsíveis e semidesconhecidos

Se nos apresentarmos como professores que aprendem e não só que ensinam, viveremos duas situações interligadas, mas diferentes. Em muitas ocasiões, colocamo-nos diante dos alunos como quem já conhece, já percorreu o caminho anteriormente e quer ajudá-los a fazer essa travessia. Ensinar o que já conhecemos é o que fazemos quando transmitimos experiências, vivências, exemplos, situações, leituras. Mas há momentos e situações que escapam ao nosso controle, em que nos vemos também como aprendizes, em que começamos a enxergar de uma outra forma, sem ainda ter feito todo o percurso. Nessas situações, somos professores que estão aprendendo e, ao mesmo tempo, mostrando o processo de aprender enquanto ele acontece e não só seu resultado.

Tomemos um exemplo. Se já estivemos em Madri ou Barcelona, podemos ser guias dos alunos, ajudá-los a escolher os melhores pontos turísticos para visitar, fornecer-lhes informações mais precisas sobre o que estão vendo etc. Nosso conhecimento prévio nos torna conhecedores e mediadores confiáveis. Isso nos dá segurança e confere segurança também aos alunos: têm um guia competente.

No entanto, há momentos em que podemos convidar os alunos para uma aventura, para visitar uma cidade desconhecida, fazendo um caminho diferente, que ainda não percorremos. Apesar de nossa experiência como viajantes conhecedores, há elementos que nos escapam, há conhecimentos que precisamos atualizar rapidamente. Haverá um maior número de surpresas, os alunos poderão trazer informações significativas que desconhecemos. Nesta última situação, aprendemos juntos, embora possamos cometer alguns erros de percurso, perder em alguns momentos, ficar em dúvida sobre quais escolhas são as mais acertadas. E os alunos, sendo corresponsáveis pelo processo, também estarão mais motivados e darão contribuições mais significativas.

Se nos apresentarmos como professores-aprendizes e não só como especialistas em viagens, proporemos aos alunos novos caminhos, novos desafios, e não só roteiros previsíveis. Os roteiros previsíveis dão segurança, tranquilizam, mas, na segunda ou terceira vez, já perdem a graça. Muitos professores se comportam como guias turísticos que percorrem sempre os mesmos roteiros, repetem as mesmas falas, realizam as mesmas atividades. Na décima viagem, será muito difícil manter a empolgação, a não ser fazendo um grande esforço. Como professores-aprendizes, mesmo que conheçamos os roteiros, estaremos atentos a novos detalhes, a novas informações, a novos caminhos. Criaremos estratégias de motivação diferentes, entrevistaremos pessoas desconhecidas. Dentro da previsibilidade do roteiro, faremos inúmeras variações (porque também estamos aprendendo junto).

Se somos professores-aprendizes inovadores, podemos combinar roteiros previsíveis, trilhados com diferentes estratégias e caminhos, com roteiros semidesconhecidos, em que não somos tão especialistas e em que propomos que o grupo esteja mais atento para aprendermos juntos, para utilizar todas as experiências prévias de todos, para trocar mais informações. Sem dúvida, mais arriscado, contudo é mais excitante.

Numa sociedade como a nossa, com tantas mudanças, rapidez de informações e desestruturação de certezas, não podemos ensinar só roteiros seguros, caminhos conhecidos, excursões programadas. Precisamos arriscar um pouco mais, navegar juntos, trocar informações, apoiados no guia um pouco mais experiente, mas que não tem todas as certezas, porque elas não existem, como antes se pensava.

Muitos transformam a educação em uma agência de viagens, com roteiros pré-programados, previsíveis. É, sem dúvida, mais seguro, fácil para todos e confortável. Hoje é insuficiente esse modelo. Precisamos combiná-lo com roteiros semiprevisíveis, semiestruturados, com pontos de apoio sólidos, mas com muitos momentos livres, para permitir escolhas personalizadas, e momentos de aventura, em que todos nos sintamos empolgados e efetivamente participantes de uma aprendizagem coletiva e inovadora.

O que é importante para ser educador hoje

Algumas diretrizes são importantes para o professor que quer ser excelente profissional:[1]

---

1. Adaptado de Denise Pellegrini. "O ensino mudou e você?". *Revista Nova Escola*, n. 131 (abril de 2000), disponível em http://novaescola.abril.uol.com.br/ed/131_abr00/html/cresca.htm.

- Crescer profissionalmente, atento a mudanças e aberto à atualização.
- Conhecer a realidade econômica, cultural, política e social do país, lendo atenta e criticamente jornais e revistas impressos e na internet.
- Participar de atividades e projetos importantes da escola.
- Escolher didáticas que promovam a aprendizagem de todos os alunos, evitando qualquer tipo de exclusão e respeitando as particularidades de cada aluno, como sua religião ou origem étnica. Surpreender, cativar, conquistar os estudantes a todo momento.
- Orientar a prática de acordo com as características e a realidade dos alunos, do bairro, da comunidade.
- Participar como profissional das associações da categoria e lutar por melhores salários e condições de trabalho.
- Utilizar diferentes estratégias de avaliação de aprendizagem – os resultados são a base para elaborar novas propostas pedagógicas. Não há mais espaço para quem só sabe avaliar com provas.

Aprendendo a construir a identidade pedagógica pessoal

Cada um de nós vai construindo sua identidade com os pontos de apoio que considera fundamentais e que definem escolhas. Cada um tem uma forma peculiar de ver o mundo, de enfrentar situações inesperadas. Filtramos tudo com nossas lentes, experiências, personalidade, formas de perceber, sentir e avaliar a nós mesmos e aos outros. Uns precisam viver em um ambiente superorganizado e não conseguem produzir se houver desordem, já outros não dão a mínima importância para a bagunça ou fazem dela um hábito. Uns precisam de muita antecedência para realizar uma tarefa, ao passo que outros só produzem sob a pressão do último momento.

Na construção da nossa identidade, é importante como nos vemos, como nos sentimos, como nos situamos em relação aos outros. Muitos fomos educados para depender da aprovação dos demais, pensando mais em agradar os outros do que no que realmente desejamos. Todos já experimentamos inúmeras formas de comparação; já ficamos em segundo plano; já fomos deixados de lado; já sofremos diversas perdas. Tudo isso interfere na nossa autoimagem pessoal e profissional.

Sempre existem modelos inatingíveis de beleza, de riqueza, de sucesso, de realização afetiva. É intensa a pressão social para que nos sintamos infelizes, diminuídos em alguns pontos ou para que nos contentemos com pouco. Muitos permanecem imobilizados pelo medo do julgamento alheio, pelo medo de falhar. Vivem para fora, para serem aceitos. E, sem essa aceitação, sentem-se inseguros e representam papéis sociais nem sempre autênticos.

Internamente – mesmo quando aparentemente o negamos – temos consciência de que somos frágeis, contraditórios, inconstantes e, em alguns campos, inferiores a outros. Boa parte dos nossos descaminhos, das nossas dificuldades, perdas e problemas advém da não aceitação plena, de não acreditar no nosso potencial. Essa construção da identidade, que vimos realizando tão penosamente, não a podemos modificar magicamente. Podemos, contudo, aprender a modificar alguns processos de percepção, emoção e ação.

Construímos a vida sobre fundamentos autênticos ou falsos. As construções em falso são como andaimes ou contrapesos para segurar uma parte do prédio que pode vir abaixo. Quanto mais muros de contenção, paredes duplas e contrafortes criamos, quanto mais estruturas paralelas levantamos, menos evoluímos a longo prazo, menos nos realizamos. Se o que nos leva a realizar coisas é a necessidade de reconhecimento, de aceitação, de sermos queridos, o foco está distorcido e podemos agir a vida toda em falso.

Hoje, dá-se muita ênfase às profissões de visibilidade, de divulgação, de *marketing*, que propiciam ser reconhecido, como ser modelo, ator, esportista. Muitos buscam a televisão, querem ser entrevistados, aparecer em colunas de jornais. *Precisam de reconhecimento social como condição fundamental para sentir-se bem.* E a profissão docente tem perdido bastante *glamour*, é bastante desvalorizada economicamente, o que costuma interferir na autoimagem do professor.

É importante reconhecer nossas qualidades, valorizá-las, destacá-las e buscar formas de colocá-las em prática, escolhendo situações em que elas sejam mais testadas e necessárias. Estar atento ao que acontece e ir antecipando, prevendo, testando, avaliando. Podemos ir muito além de onde estamos, de onde imaginamos e de onde os outros nos percebem. Podemos modificar nossa percepção, aprendendo a aceitar-nos plenamente e intimamente como somos, sem comparações nem desvalorizações, quando ninguém nos vê, quando não temos de representar para alguém, e seguir adiante, no nosso ritmo, acreditando no nosso potencial.

Para mudar o mundo, podemos começar mudando a visão que temos dele e de nós. Ao mudar nossa visão das coisas, tudo continua no mesmo lugar, mas o sentido muda, o contexto se altera.

A comunicação autêntica estabelece conexões significativas na relação com o outro. Desarma as resistências e provoca, geralmente, uma resposta positiva, ativa e desarmada. Em contrapartida, a comunicação agressiva gera reações semelhantes no outro e pode complicar todo o processo.

A cada dia, torna-se mais importante termos mais pessoas na sociedade e, especificamente, na educação que sejam capazes de se relacionar de forma aberta com os outros, que facilitem a comunicação com colegas, alunos, administração e famílias. Pessoas maduras emocionalmente, que saibam gerenciar conflitos pessoais e grupais; que tenham suficiente flexibilidade para compreender diferentes pontos de vista e intuição para aproximar-se de forma adequada de diferentes pessoas e formas de viver.

Necessitamos urgentemente dessas pessoas para mudar o enfoque fundamental das práticas educacionais, para vivenciar práticas mais ricas, abertas e significativas de comunicação pedagógica inovadora, profunda, criativa, progressista.

Felizmente, mais pessoas estão mudando ou querendo mudar. Isso é um excelente sinal de que é possível realizar um grande trabalho na educação brasileira. Vamos concentrar-nos nesses grupos que estão prontos para o novo, que procuram aprender, que estão dispostos a avançar, a experimentar formas mais profundas de comunicação pessoal e tecnológica.

Temos um longo trabalho, no campo político, para implementar ações estruturais de apoio à mudança integrada, que contemplem diretrizes, currículos e processos. É importante incentivar as pessoas, os grupos e as instituições que buscam soluções novas e sérias em educação. E a universidade pode oferecer subsídios teóricos e pedagógicos para essa mudança.

4
TECNOLOGIAS NO ENSINO E APRENDIZAGEM INOVADORAS

> As tecnologias evoluem em quatro direções fundamentais:
> *do analógico para o digital (digitalização)*
> *do físico para o virtual (virtualização)*
> *do fixo para o móvel (mobilidade)*
> *do massivo para o individual (personalização).*
> Carly Fiorina, ex-presidente da Hewlett-Packard

As tecnologias caminham para a convergência, a integração, a mobilidade e a multifuncionalidade, isto é, para a realização de atividades diferentes num mesmo aparelho, em qualquer lugar, como acontece no telefone celular (que serve para falar, enviar torpedos, baixar músicas).

A digitalização permite registrar, editar, combinar, manipular toda e qualquer informação, por qualquer meio, em qualquer lugar, a qualquer tempo, traz a multiplicação de possibilidades de escolha, de interação. A mobilidade e a virtualização nos libertam de espaços e tempos rígidos, previsíveis, determinados. Na educação, o presencial *se virtualiza* e a distância *se presencializa*. Os encontros em um mesmo espaço físico se combinam com os encontros virtuais, pela internet. E a educação a distância cada vez aproxima mais as pessoas, pelas conexões em tempo real, que permitem que professores e alunos falem entre si e formem pequenas comunidades de aprendizagem.

As etapas da aprendizagem tecnológica

As tecnologias são meio, apoio, mas, com o avanço das redes, da comunicação em tempo real e dos portais de pesquisa, transformaram-se em instrumentos fundamentais para a mudança na educação. Há uma primeira etapa, que é a definição de quais tecnologias são adequadas para o projeto de cada instituição. Depois, vem a aquisição delas. É preciso definir quanto gastar e que modelo adotar, se baseado em *software* livre ou proprietário, bem como o grau de sofisticação necessário para cada momento, curso e instituição. Em seguida, vem o domínio técnico-pedagógico, saber usar cada ferramenta do ponto de vista gerencial e didático, isto é, na melhoria de processos administrativos e financeiros e no processo de ensino e aprendizagem.

O domínio pedagógico das tecnologias na escola é complexo e demorado. Os educadores costumam começar utilizando-as para melhorar o desempenho dentro dos padrões existentes. Mais tarde, animam-se a realizar algumas mudanças pontuais e, só depois de alguns anos, é que educadores e instituições são capazes de propor inovações, mudanças mais profundas em relação ao que vinham fazendo até então. Não basta ter acesso à tecnologia para ter o domínio pedagógico. Há um tempo grande entre conhecer, utilizar e modificar processos.

Para que uma instituição avance na utilização inovadora das tecnologias na educação, é fundamental a capacitação de docentes, funcionários e alunos no domínio técnico e pedagógico. A capacitação técnica os torna mais competentes no uso de cada programa. A capacitação pedagógica os ajuda a encontrar pontes entre as áreas de conhecimento em que atuam e as diversas ferramentas disponíveis, tanto presenciais como virtuais. Essa capacitação não pode ser pontual, tem de ser contínua, realizada semipresencialmente, para que se aprenda, na prática, a utilizar os recursos a distância.

Em relação aos alunos, hoje, é importante que eles tenham ambientação tecnológica e pedagógica nos ambientes virtuais. Costuma haver uma grande desigualdade no acesso e domínio das tecnologias. Por isso, os que têm mais dificuldades precisam de maior atenção, principalmente no primeiro contato com a instituição escolar. Escolas e universidades precisam de equipe de apoio técnico-pedagógico a professores e alunos, para avançar mais rapidamente no conhecimento de todas as possibilidades em cada área do conhecimento.

Depois de implantar as tecnologias, as escolas costumam seguir algumas etapas na sua apropriação pedagógica. É o que discutiremos adiante.

Primeira etapa: Tecnologias para fazer melhor o mesmo

As tecnologias começaram a ser utilizadas para melhorar o desempenho do que já existia: melhorar a gestão administrativa; automatizar rotinas de matrícula, boletos, notas, folha de pagamento, receitas. Depois, passaram a ajudar o professor a "dar aula", na organização de textos (conteúdo), nos programas de apresentação, na ilustração de aulas (vídeos, *softwares* de conteúdos específicos), na avaliação (planilhas, bancos de dados), na pesquisa (bases de dados e internet). Ao mesmo tempo, os alunos encontram nas tecnologias ferramentas de apoio à aprendizagem: programas de texto, de multimídia, de navegação em bases de dados e internet, de comunicação, até chegar aos ambientes virtuais de aprendizagem.

Segunda etapa: Tecnologias para mudanças parciais

Numa segunda etapa, o avanço das tecnologias e o seu domínio técnico-pedagógico propiciam a criação de espaços e atividades novos dentro da escola, que convivem com os tradicionais: utiliza-se mais o vídeo, para tornar as aulas mais interessantes; desenvolvem-se alguns projetos na internet, nos laboratórios de informática. Professores e alunos criam páginas *web* e divulgam seus trabalhos. Professores propõem atividades virtuais de grupos, listas de discussão,[1] fóruns[2] e, mais recentemente, *blogs*,[3] *podcasts*,[4] produção de vídeos. Esses programas se sofisticaram com a utilização de plataformas integradas de ensino, que permitem atividades a distância. Mas o importante, o que vale de verdade, continua sendo o currículo, as aulas presenciais, as notas. Típica desta segunda etapa é a divisão entre a grade curricular obrigatória (disciplinas) e as atividades virtuais (projetos, *webquests*[5]), que costumam ser voluntárias ou consideradas atividades complementares.

A escola continua a mesma, no essencial, mas há algumas inovações pontuais, periféricas, que começam a pressionar por uma mudança mais estrutural. Muitas escolas e universidades não fazem mudanças profundas, ao contrário, massificam com as tecnologias o modelo centrado no professor (por exemplo, por meio de teleaulas), focando mais a transmissão do que a interação e a pesquisa.

Terceira etapa: Tecnologias para mudanças inovadoras

Numa terceira etapa, as tecnologias começam a ser utilizadas para modificar a própria escola e a universidade: para flexibilizar a organização

---

1. A lista de discussão permite que grupos de pessoas se comuniquem continuamente: a mensagem que uma envia chega a todas as outras, e todos podem responder, comentar ou colocar novas mensagens, que chegam por correio eletrônico e que também podem ficar disponíveis numa página na internet (como em http://www.grupos.com.br ou em http://br.groups.yahoo.com/).
2. O fórum é uma ferramenta que roda numa página na internet e que permite a professores e alunos discutir alguns tópicos do curso por meio de mensagens colocadas na página a qualquer momento, que podem ser acessadas também a qualquer tempo e de qualquer lugar, por quem entra naquela página.
3. *Blogs* são páginas interativas na internet, utilizadas principalmente para contar experiências pessoais, de grupo e que também podem ser utilizadas por professores e alunos para aprender. Quando predominam as imagens, chamam-se *videologs* ou *vlogs*.
4. *Podcasts* são programas de rádio feitos na internet e que podem também ser baixados e ouvidos em aparelhos tocadores de música MP3.
5. *Webquest* é uma metodologia de pesquisa em grupo colaborativa, que utiliza principalmente a internet para buscar informações. Duas páginas interessantes sobre essa metodologia podem ser consultadas em http://www.webquest.futuro.usp.br e http://webquest.sp.senac.br/.

curricular, a forma de gestão do ensino-aprendizagem. Trabalha-se mais com projetos integrados de pesquisa e há mais atividades semipresenciais ou quase totalmente *on-line*. O currículo universitário permite atividades a distância complementares às presenciais. As escolas de ensino fundamental e médio ainda se sentem fortemente pressionadas pelas secretarias de educação, pelo vestibular das universidades, pelas expectativas tradicionais das famílias e pela força da cultura escolar tradicional. Por isso, ainda não estão conseguindo quebrar o modelo padrão de aulas presenciais e presença obrigatória. Mesmo os colégios mais avançados tecnologicamente continuam amarrados, presos à tradição e às expectativas sociais convencionais.

Um dos problemas mais sérios é a demora das universidades em assumir novos modelos pedagógicos inovadores. Mais séria ainda é a defasagem das escolas de educação básica: estacionaram na mesmice. Mesmo com grandes portais de serviços virtuais e franquias, não mexem no essencial, que é o processo de ensino-aprendizagem. O virtual, até agora, é um complemento – só – do presencial, que é o que realmente conta e que continua acontecendo da mesma forma.

As redes, principalmente a internet, estão começando a provocar mudanças profundas na educação presencial e a distância. Na presencial, desenraízam o conceito de ensino-aprendizagem localizado e temporal. Podemos aprender de vários lugares, ao mesmo tempo, *on* e *off-line,* juntos e separados. Como nos bancos, temos nossa agência, a escola, que é nosso ponto de referência; só que já não precisamos ir até lá continuamente, pessoalmente, para aprender.

As redes também estão provocando mudanças profundas na educação a distância (EAD). Antes, a EAD era uma atividade muito solitária e exigia bastante autodisciplina. Agora, com as redes, continua como uma atividade individual, combinada com a possibilidade de comunicação instantânea, de criação de grupos de aprendizagem, integrando aprendizagem pessoal e grupal.

A educação presencial está incorporando tecnologias, funções e atividades que eram típicas da EAD, que, por sua vez, está descobrindo que pode ensinar de forma menos individualista, mantendo um equilíbrio entre a flexibilidade e a interação.

Novos espaços e tempos de aprendizagem

Com a internet, as redes de comunicação em tempo real, a TV digital e o celular, surgem novos espaços e tempos no processo de ensino e aprendizagem, que modificam e ampliam o que fazíamos na sala de aula.

O professor, em qualquer curso presencial, hoje, precisa aprender a gerenciar vários espaços e a integrá-los de forma aberta, equilibrada e inovadora. O primeiro espaço é o de uma nova sala de aula, equipada com atividades diferentes, que se integra com a ida ao laboratório para desenvolver pesquisa e o domínio técnico-pedagógico. Essas atividades se ampliam e complementam a distância, nos ambientes virtuais de aprendizagem, e se integram aos espaços e tempos de experimentação, de conhecimento da realidade, de inserção em ambientes profissionais e informais.

Antes, o professor só se preocupava com o aluno em sala de aula. Agora, continua com o aluno no laboratório (organizando a pesquisa), na internet (atividades a distância) e no acompanhamento das práticas, dos projetos, das experiências que ligam o aluno à realidade, à sua profissão (no ponto entre a teoria e a prática).

Antes, o professor se restringia ao espaço da sala de aula. Agora, precisa aprender a gerenciar também atividades a distância, realizar visitas técnicas, orientar projetos e, tudo isso, como parte da carga horária de sua disciplina, visível na grade curricular, flexibilizando o tempo que está em aula e incrementando outros espaços e tempos de aprendizagem.

Assim, educar com qualidade implica organizar e gerenciar atividades didáticas em, pelo menos, quatro espaços, como veremos em seguida.

Reorganização dos ambientes presenciais

A sala de aula como ambiente presencial tradicional precisa ser redefinida. Até agora, identificamos ensinar com frequentar regularmente esse ambiente. Aos poucos, a sala de aula irá se tornar um lugar de começo e de finalização de atividades de ensino-aprendizagem, intercalado com outros tempos, em que frequentaremos outros ambientes. Como regra geral, estaremos nela para nos conhecer, para organizar os procedimentos didáticos, para motivar os alunos, para instrumentalizá-los sobre as etapas de pesquisa e a alternância com outros ambientes. Depois de um tempo maior ou menor, voltaremos a ela para a apresentação dos resultados, para uma troca de experiências, para a contextualização e generalização da aprendizagem individual e coletiva. E assim iremos intercalando novas situações presenciais com atividades fora da sala de aula.

A sala de aula perde o caráter de espaço permanente de ensino para o de ambiente onde se iniciam e se concluem os processos de aprendizagem. Permaneceremos menos tempo nela, mas a intensidade, a qualidade e a importância desse período serão incrementadas. Estaremos menos tempo juntos fisicamente, mas serão momentos intensos e também importantes de organização de atividades de aprendizagem.

A sala de aula precisa ser confortável, com boa acústica e tecnologias, das simples até as sofisticadas. Uma classe, hoje, precisa ter ao seu alcance aparelhos de vídeo, DVD, projetor multimídia e, no mínimo, um ponto de internet, para acesso a *sites* em tempo real pelo professor ou pelos alunos, quando necessário. Com o avanço das redes sem fio e o barateamento dos computadores, as escolas estarão conectadas e as salas de aula poderão tornar-se espaços de pesquisa, de desenvolvimento de projetos, de intercomunicação *on-line*, de publicação, com a vantagem de combinar o melhor do presencial e do virtual no mesmo espaço e ao mesmo tempo.

Um computador em sala com projetor multimídia é um caminho necessário, embora ainda distante em muitas escolas, para oferecer condições dignas de trabalho a professores e alunos. São poucos os cursos até agora que dispõem dessa tecnologia, mas ela se torna uma realidade cada vez mais premente, se queremos educação de qualidade. Um projetor multimídia com acesso à internet permite que o professor e os alunos mostrem simulações virtuais, vídeos, *games*, materiais em CD, DVD, páginas *web* ao vivo.

O foco de um curso deve ser o desenvolvimento de pesquisa, fazer do aluno um parceiro-pesquisador. Pesquisar de todas as formas, utilizando todas as mídias, fontes, formas de interação. Pesquisar, às vezes, todos juntos; outras vezes, em pequenos grupos; outras, individualmente.

Pesquisar, às vezes, na escola; outras, em outros espaços e tempos. Combinar pesquisa presencial e virtual. Comunicar os resultados da pesquisa para todos e para o professor. Relacionar os resultados, compará-los, contextualizá-los, aprofundá-los, sintetizá-los.[6]

Mais tarde, depois de uma primeira etapa de aprendizagem *online*, a volta ao presencial adquire outra dimensão. É um reencontro tanto intelectual como afetivo. Já nos conhecemos, mas fortalecemos esses vínculos, trocamos experiências, vivências, pesquisas. Aprendemos juntos, tiramos dúvidas coletivas, avaliamos o processo virtual. Fazemos novos ajustes. Explicamos o que acontecerá na próxima etapa e motivamos os alunos a continuar pesquisando e se encontrando virtualmente. Em seus próximos encontros presenciais, os alunos já trazem maiores contribuições, os resultados de pesquisas, de projetos, solução de problemas, outras formas de avaliação.

Atividades nos ambientes presenciais conectados

Um dia, todas as salas de aula estarão conectadas em rede. Como isso ainda está distante, é importante que cada professor programe, em uma de suas primeiras aulas, uma visita com os alunos ao "laboratório de informática", a uma sala de aula com computadores suficientes conectados à internet. Nessa aula, o professor pode orientar os alunos a fazer pesquisa na internet, a encontrar os materiais mais significativos para a área de conhecimento que vai trabalhar com eles, a aprender a distinguir informações relevantes de informações sem referência. Ensinar a pesquisar na *web* ajuda muito os alunos na realização de atividades virtuais depois, pois se sentirão seguros na pesquisa individual e grupal.

Outra atividade importante nesse momento é a capacitação para o uso das tecnologias necessárias para acompanhar o curso em seus momentos

---

6. Uma das formas de organizar pesquisas em grupos de forma colaborativa é utilizando a *webquest*, criada por Bernie Dodge, da Universidade de San Diego. Páginas interessantes sobre essa metodologia estão em http://www.webquest.futuro.usp.br, http://webquest.sp.senac.br e http://www.sgci.mec.es/br/cv/webquest.

virtuais: conhecer a plataforma virtual, as ferramentas, como se usa o material, como se enviam atividades, como se participa de um fórum, de um *chat*, como se tiram dúvidas técnicas. Esse contato com o laboratório é fundamental, porque há alunos pouco familiarizados com as novas tecnologias e para que todos tenham uma informação comum sobre as ferramentas, sobre como pesquisar e sobre os materiais virtuais do curso.

Tudo isso pressupõe que os professores foram capacitados antes para fazer esse trabalho didático com os alunos no laboratório e nos ambientes virtuais de aprendizagem (o que muitas vezes não acontece).

A utilização de ambientes virtuais de aprendizagem

Os alunos já se conhecem, já têm as informações básicas para pesquisar e utilizar os ambientes virtuais de aprendizagem. Agora, já podem iniciar a parte a distância do curso, combinando momentos em sala de aula com atividades de pesquisa, comunicação e produção a distância, individuais, em pequenos grupos e todos juntos.[7]

O professor precisa adquirir a competência da gestão dos tempos a distância combinados com o presencial. O que vale a pena fazer pela internet e que ajuda a melhorar a aprendizagem, mantém a motivação, traz novas experiências para a classe, enriquece o repertório do grupo.

Existem ambientes virtuais simples (como, por exemplo, as páginas de grupos) e complexos (plataformas virtuais integradas). Existem ambientes gratuitos (Moodle, Teleduc, E-Proinfo, Aulanet) e ambientes virtuais pagos (Blackboard). Existem ambientes de código fechado (gratuitos ou pagos, nos quais não se pode mexer no código-fonte) ou de código aberto (que permitem modificar o programa, como o Moodle).[8]

---

7. É interessante o trabalho de Adonys Chrysos, "La universidad semi-presencial: Una experiencia de colaboración internacional", disponível em http://www.unrc.edu.ar/publicar/cde/Chrysos.htm.
8. O Moodle é um dos ambientes virtuais que mais crescem hoje, por ser livre, feito de forma compartilhada e de código aberto. Mais informações podem ser obtidas em http://moodle.org/course/view.php?id=35.

Esses ambientes virtuais incorporam cada vez mais recursos de comunicação em tempo real e *off-line*, de publicação de materiais impressos, vídeos etc., bem como recursos de edição *on-line*: professores e alunos podem compartilhar ideias, modificar textos, comentá-los; podem travar discussões organizadas por tópicos (*off-line*) e discussões ao vivo, com som, imagem e texto. Os ambientes de aprendizagem se integram aos programas de gestão acadêmica e financeira. Com a mesma senha, os alunos acessam o histórico escolar, os pagamentos, os cursos. Tudo se integra cada vez mais, tudo fala com tudo e com todos.

Os ambientes virtuais complementam o que fazemos em sala de aula. O professor e os alunos têm menos aulas presenciais e mais atividades a distância; podem ser só algumas aulas ou cursos totalmente *on-line*. Nos cursos presenciais, uma parte das aulas é a distância, os chamados cursos semipresenciais, e precisamos aprender a gerenciar e organizar atividades que se encaixem em cada momento do processo e que dialoguem e complementem o que estamos fazendo na sala de aula.

Podemos começar, por exemplo, com algumas atividades na sala de aula: informações básicas de um tema, organização de grupos, explicitação dos objetivos da pesquisa, solução das dúvidas iniciais. Depois, vamos para a internet e orientamos e acompanhamos as pesquisas que os alunos realizam individualmente ou em pequenos grupos. Pedimos que coloquem os resultados em uma página, um portfólio ou que as enviem virtualmente para nós. Colocamos um tema relevante para discussão num fórum ou numa lista e procuramos acompanhá-la, sem sermos centralizadores nem omissos. Os alunos se posicionam primeiro e, depois, fazemos alguns comentários mais gerais, incentivamos, reorientamos algum tema que pareça prioritário, fazemos sínteses provisórias do andamento das discussões ou pedimos que alguns alunos as façam. Podemos convidar um colega, um pesquisador ou um especialista para um debate com os alunos num *chat*, realizando uma entrevista a distância, em que atuamos como mediadores. Os estudantes gostam de participar desse tipo de atividade.

Eles podem desenvolver projetos de curta ou longa duração, individualmente ou em grupos, projetos teóricos ou práticos. Nós, professores, podemos marcar alguns tempos de atendimento semanais, se acharmos conveniente, para tirar dúvidas *on-line*, para atender grupos, acompanhar o que está sendo feito pelos alunos. Sempre que possível, incentivaremos os alunos a criar seu portfólio, seu espaço virtual de aprendizagem próprio, e disponibilizar o acesso aos colegas, como forma de aprender *colaborativamente*.

Creio que há três campos importantes para as atividades virtuais: *o da pesquisa, o da comunicação e o da produção-divulgação*. Pesquisa individual de temas, experiências, projetos, textos. Comunicação em debates *off* e *online* sobre os temas e experiências pesquisados. Produção, para divulgar os resultados no formato multimídia, hipertextual, "lincado", e publicá-los para os colegas e, eventualmente, para a comunidade externa ao curso.[9]

É fundamental, hoje, pensar o currículo de cada curso como um todo e planejar o tempo de presença física em sala de aula e o tempo de aprendizagem virtual. A maior parte das disciplinas pode utilizar, ao menos parcialmente, atividades a distância. Algumas, que exigem menos laboratório ou menos tempo juntos fisicamente, podem ter uma carga maior de atividades e tempo virtuais. Podemos ter disciplinas totalmente a distância e outras com mais carga presencial. O semipresencial é uma das tendências mais fortes na educação em todos os níveis, principalmente no superior. Neste último, essa flexibilização na gestão de tempo, espaços e atividades é especialmente necessária, porque ele está ainda tão engessado, burocratizado e confinado à monotonia da fala do professor num único espaço, que é o da sala de aula.

Inserção em ambientes experimentais, profissionais e culturais

A escola pode estender-se fisicamente até os limites da cidade e virtualmente até os limites do universo. A escola e a universidade podem integrar os espaços significativos da cidade: museus, centros culturais, cinemas, teatros, parques, praças, ateliês, centros esportivos, comerciais,

---

[9]. Norma Scagnoli. "El aula virtual: Usos y elementos que la componen", disponível em http://www.edudistan.com/ponencias/Norma%20Scagnoli.htm. As tecnologias como apoio à pesquisa, à comunicação e à divulgação estão mais explicitadas nos tópicos seguintes, neste mesmo capítulo.

produtivos, entre outros. Podem organizar também os currículos com atividades profissionais ou sociais, com apoio da comunidade.

Os cursos de formação, os de longa duração, como os de graduação, precisam ampliar o conceito de integração de reflexão e ação, teoria e prática, sem confinar essa integração somente ao estágio de fim de curso. Todo o currículo pode ser elaborado pensando em inserir os alunos em ambientes próximos da realidade em que estudam, para que possam sentir na prática o que aprendem na teoria e trazer experiências, casos e projetos do cotidiano para a sala de aula. Em algumas áreas, como administração de empresas e engenharia, parece mais fácil e evidente essa relação, mas é importante que ela aconteça em todos os cursos e em todas as etapas do processo de aprendizagem, levando em consideração as peculiaridades de cada um.

Se os alunos fizerem pontes entre o que aprendem intelectualmente e as situações reais, experimentais, profissionais ligadas aos seus estudos, a aprendizagem será mais significativa, viva, enriquecedora. As universidades e os professores precisam organizar atividades integradoras da prática com a teoria, do compreender com o vivenciar, do fazer e do refletir, de forma sistemática, presencial e virtualmente, em todas as áreas e ao longo de todo o curso.

A escola e a universidade podem integrar-se aos espaços culturais e profissionais da cidade (museus, teatros, quadras esportivas, parques, praças, ateliês, fábricas, cinemas, centros culturais) e assim ampliar sua interação, seu currículo, suas práticas, sua inserção social. É importante integrar as experiências individuais de ONGs, de empresas, de entidades religiosas e de classe na educação formal. O governo pode apoiar as melhores práticas e fazer com que façam parte de cursos reconhecidos, de escolas oficiais.

> Não basta oferecer boa escola: é preciso, além de envolver e qualificar as famílias, acionar as diferentes esferas do governo (saúde, geração de renda, esporte, saúde) e transformar toda a cidade em espaços educativos, tirando proveito dos cinemas, teatros, parques, empresas, museus.[10]

---

10. Gilberto Dimenstein. "A escola dos sonhos", disponível em http://www1.folha.uol.com.br/folha/pensata/ult508u334.shtml.

Podemos aproveitar melhor a aprendizagem prévia de cada aluno, principalmente do adulto, fazendo programas especiais para profissionais que precisam de determinadas certificações. Exemplo, um enfermeiro que tem experiência muito rica em um hospital de ponta pode incorporá-la ao curso que está fazendo, personalizando o currículo, considerando muitas das habilidades desenvolvidas anteriormente. O currículo pode alternar etapas na universidade e em atividades profissionais desde o começo; pode prever parcerias de práticas integradas a reflexões na universidade. Isso já existe hoje, mas ainda é muito complicado gerenciar essas situações diferenciadas.

O currículo pode ser "negociado" entre a universidade e os alunos mais maduros. Cada aluno deveria ter um professor orientador, para decidir, em cada etapa, em conjunto, o que é melhor para si. No modelo atual, massificador, essa proposta é ingênua, mas é possível viabilizá-la em instituições sérias com projetos pedagógicos avançados.

Por outro lado, na educação básica, quanto mais as escolas se inserem na comunidade, mais todos ganham: alunos, professores e a própria comunidade. Hoje, temos, no Brasil, muitas iniciativas de escolas abertas para a comunidade, que procuram as competências no bairro, para que os alunos sejam beneficiados em contatos, visitas, palestras, aprendizagem prática. Mas ainda são projetos pontuais. A maior parte das escolas permanece bastante distante da inserção na comunidade.

Tecnologias para organizar a informação

Do ponto de vista metodológico, o educador precisa aprender a equilibrar processos de organização e de "provocação" na sala de aula. Uma das dimensões fundamentais do ato de educar é ajudar a *encontrar uma lógica dentro do caos de informações* que temos, organizar uma síntese coerente, mesmo que momentânea, dessas informações e compreendê-las. Compreender é organizar, sistematizar, comparar, avaliar, contextualizar. Uma segunda dimensão pedagógica procura *questionar essa compreensão, criar uma tensão para superá-la*, modificá-la, avançar para novas sínteses, outros momentos e formas de compreensão. Para isso, o professor precisa questionar, criar tensões produtivas e provocar o nível de compreensão existente.

No planejamento didático, predomina uma organização fechada e rígida, quando o professor trabalha com esquemas, aulas expositivas, apostilas, avaliação tradicional. O professor que "dá tudo mastigado" para o aluno, por um lado, facilita a compreensão; mas, por outro, transfere para o aluno, como um pacote pronto, o conhecimento de mundo que ele, professor, tem.

Inversamente, predomina a organização aberta e flexível no planejamento didático, quando o professor trabalha com base em experiências, projetos, novos olhares de terceiros (artistas, escritores etc.). Em qualquer área de conhecimento, podemos transitar entre uma organização inadequada da aprendizagem e a busca de novos desafios, novas sínteses. *Há atividades que facilitam a má organização, e outras, a superação dos métodos conservadores.* O relato de experiências diferentes das do grupo ou uma entrevista polêmica podem desencadear novas questões, expectativas, desejos. E há também relatos de experiências ou entrevistas que servem para confirmar nossas ideias, nossas sínteses, para reforçar o que já conhecemos. Precisamos saber escolher aquilo que melhor atende ao aluno e o traz para a contemporaneidade.

Há professores que privilegiam a organização questionadora, a superação de modelos e não chegam às sínteses, nem mesmo parciais e provisórias. Vivem no incessante fervilhar de provocações, questionamentos, novos olhares. Nem o sistematizador nem o questionador podem prevalecer no conjunto. É importante *equilibrar organização e inovação; sistematização e superação.*

Tecnologias para ajudar na pesquisa

A matéria-prima da aprendizagem é a informação organizada, significativa, a informação transformada em conhecimento. A escola pesquisa a informação pronta, já consolidada e a informação em movimento, em transformação, que vai surgindo da interação, de novos fatos, experiências, práticas, contextos. Existem áreas com bastante estabilidade informativa: fatos do passado que só se modificam diante de alguma nova evidência. E existem áreas, mais ligadas ao cotidiano, altamente suscetíveis de mudança, de novas interpretações.

As tecnologias nos ajudam a encontrar o que está consolidado e a organizar o que está confuso, caótico, disperso. Por isso, é tão importante dominar ferramentas de busca da informação e saber interpretar as escolhas, adaptá-las ao contexto pessoal e regional e situar cada informação dentro do universo de referências pessoais. Muitos se satisfazem com os primeiros resultados de uma pesquisa. Pensam que basta ler para compreender. A pesquisa é um primeiro passo para entender, comparar, escolher, avaliar, contextualizar, aplicar de alguma forma.

Temos cada vez mais informação, e não necessariamente mais conhecimento. Quanto mais fácil for achar o que queremos, mais tendemos a nos acomodar na preguiça dos primeiros resultados, na leitura superficial de alguns tópicos, na dispersão das muitas janelas que abrimos simultaneamente.

Hoje, consumimos muita informação. Isso não quer dizer que conheçamos mais e que tenhamos mais sabedoria – que é o conhecimento vivenciado com ética, praticado. É pela educação de qualidade que avançaremos mais rapidamente da informação para o conhecimento, e pela aprendizagem continuada e profunda é que chegamos à sabedoria.

O foco da aprendizagem deve ser a busca da informação significativa, da pesquisa, o desenvolvimento de projetos e não predominantemente a transmissão de conteúdos específicos. A internet está se tornando uma mídia fundamental para a pesquisa. O acesso instantâneo a portais de busca, a disponibilização de artigos ordenados por palavras-chave facilitam muito o acesso às informações desejadas. Nunca, até agora, professores, alunos e cidadãos em geral tiveram acesso à riqueza e variedade de milhões de páginas *web* de qualquer lugar, a qualquer momento e, em geral, de forma gratuita.

Os professores podem ajudar os alunos, incentivando-os a aprender a perguntar, a enfocar questões importantes, a definir critérios na escolha de *sites*, na avaliação de páginas, a comparar textos com visões diferentes. Podem focar mais a pesquisa do que dar respostas prontas; propor temas interessantes e caminhar dos níveis mais simples de investigação para os mais complexos, das páginas mais coloridas e estimulantes para as mais abstratas, dos vídeos e narrativas impactantes para os contextos mais abrangentes e, assim, ajudar os alunos a desenvolver um pensamento *arborescente*, com rupturas sucessivas, e uma reorganização semântica contínua.

Entre as iniciativas de disponibilização de materiais educacionais para pesquisa, destaca-se o Instituto de Tecnologia de Massachusetts (MIT), que oferece *on-line* todo o conteúdo de seus cursos em várias línguas, facilitando o acesso de centenas de milhares de alunos e professores a materiais avançados e sistematizados (http://www.universiabrasil.net/mit/).[11]

Beneficiam-se alunos, professores, escola e comunidade. Atualmente, a maior parte das teses e dos artigos apresentados em congressos está publicada na internet. Estar no virtual não é garantia de qualidade (esse é um problema que dificulta a escolha), mas amplia imensamente as condições de aprender, de intercambiar, de atualizar-se. Tanta informação dá trabalho e nos deixa ansiosos e confusos, mas a situação é muito melhor do que antes da internet, quando só uns poucos privilegiados podiam viajar para o exterior e pesquisar nas grandes bibliotecas especializadas das melhores universidades. Hoje, podemos fazer praticamente o mesmo sem sair de casa.

A variedade de informações sobre qualquer assunto, num primeiro momento, fascina, mas, ao mesmo tempo, traz inúmeros novos problemas: O que pesquisar? O que vale a pena acessar? Como avaliar o que tem valor e o que deve ser descartado? Essa facilidade costuma favorecer a preguiça do aluno, a busca do resultado pronto, fácil, imediato, chegando até a apropriação do texto do outro. Além da facilidade de "copiar e colar", o aluno costuma ler só algumas frases mais importantes e algumas palavras selecionadas, dificilmente lê um texto completo.

Jakob Nielsen e John Morkes constataram em uma pesquisa que 79% dos usuários de internet sempre leem palavras ou trechos escolhidos, em títulos atrativos, ao passo que somente 16% se detêm na leitura do texto completo.[12] Na França, 85% dos alunos de ensino fundamental se

---

11. Os cursos do MIT disponibilizados em inglês estão em http://ocw.mit.edu/OcwWeb/index.htm.
12. "Como os usuários lêem na web", revista eletrônica *Conecta*, 22/2/2003, disponível em http://www.revistaconecta.com/conectados/nielsen_como_usuarios.htm.

contentam com os resultados trazidos pelo primeiro *site* de busca consultado e somente leem rapidamente os primeiros três resultados trazidos. Isso quer dizer que a maior parte dos alunos procura o que é mais fácil, o imediato e lê de forma fragmentada, superficial.

Quanto mais possibilidades de informação, mais rapidamente tendemos a navegar, a ler pedaços de informação, a passear por muitas telas de forma superficial. Por isso, é importante que alunos e professores levantem as principais questões relacionadas com a pesquisa: Qual é o objetivo da pesquisa e o nível de profundidade desejado? Quais são as "fontes confiáveis" para obter as informações? Como apresentar as informações pesquisadas e indicar as fontes nas referências bibliográficas? Como avaliar se a pesquisa foi realmente feita ou apenas copiada?

Uma das formas de analisar a credibilidade do conteúdo da pesquisa é verificar se ele está dentro de um portal educacional, no *site* de uma universidade ou em qualquer outro espaço já reconhecido e verificar também a autoria do artigo ou da reportagem.

Pensando mais nos usuários jovens e adultos, Nilsen e Morkes propõem algumas características que uma página *web* precisa apresentar para ser efetivamente lida e pesquisada:

- palavras-chave realçadas (*links* de hipertexto, letras e cores diferentes);
- subtítulos pertinentes (e não "engraçadinhos");
- listas indexadas;
- uma informação por parágrafo (os usuários provavelmente pularão informações adicionais, caso não sejam atraídos pelas palavras iniciais de um parágrafo);
- estilo de pirâmide invertida, que principia pela conclusão;
- metade do número de palavras (ou menos) do que um texto convencional.

A credibilidade é importante para os usuários da *web*, porque nem sempre se sabe quem está por trás das informações nem se a página é digna de confiança. Pode-se aumentar a credibilidade com gráficos de alta qualidade, textos corretos e *links* de hipertexto apropriados. É importante colocar *links* que conduzam a outros *sites*, que comprovem que há pesquisa por trás e que deem sustentação para que os leitores possam checar as informações fornecidas.

Os usuários não valorizam as afirmações exageradas e subjetivas (tais como "o mais vendido"), tão comuns na *web* hoje em dia. Os leitores preferem dados precisos. Além disso, a credibilidade é afetada quando os usuários conseguem perceber o exagero.[13]

Além do acesso aos grandes portais de busca e de referência na educação, uma das formas mais interessantes de desenvolver pesquisa em grupo na internet é a *webquest*.

O conceito de *webquest* foi criado em 1995 por Bernie Dodge, professor da universidade estadual da Califórnia, nos Estados Unidos, como proposta metodológica para usar a internet de forma criativa. Dodge define assim a *webquest*: "É uma atividade investigativa em que alguma ou toda a informação com que os alunos interagem provém da internet". Em geral, uma *webquest* é elaborada pelo professor, para ser solucionada pelos alunos, reunidos em grupos.[14]

A *webquest* sempre se baseia em um tema e propõe uma tarefa, que envolve consultar fontes de informação especialmente selecionadas pelo professor. Essas fontes (também chamadas de recursos) podem ser livros, vídeos e mesmo pessoas a entrevistar, mas normalmente são *sites* ou páginas *web*. É comum que a tarefa exija dos alunos a representação de papéis, para promover o contraste de pontos de vista ou a união de esforços em torno de um objetivo.

Bernie Dodge divide a *webquest* em dois tipos, ligados à duração do projeto e à dimensão de aprendizagem envolvida:

---

13. *Ibidem*.
14. Vale a pena ler o capítulo "Projetos de aprendizagem colaborativa num paradigma emergente" do livro *Novas tecnologias e mediação pedagógica*, de José Manuel Moran, Marcos Masetto e Marilda Behrens. 12ª ed. Campinas: Papirus, 2006. Também é interessante o livro de Goéry Delacôte, *Enseñar y aprender con nuevos métodos*. Barcelona: Gedisa, 1996.

- *webquest* curta – leva de uma a três aulas para ser explorada pelos alunos e tem como objetivo a aquisição e integração de conhecimentos;
- *webquest* longa – leva de uma semana a um mês para ser explorada pelos alunos, em sala de aula, e tem como objetivo a extensão e o refinamento de conhecimentos.[15]

Resolver uma *webquest* é um processo de aprendizagem interessante, porque envolve pesquisa e leitura, interação e colaboração e criação de um novo produto, com base no material e nas ideias obtidas. A *webquest* propicia a socialização da informação, por estar disponível na internet, poder ser utilizada, compartilhada e até reelaborada por alunos e professores de diferentes partes do mundo.

O problema da pesquisa não está na internet, mas na maior importância que a escola dá ao conteúdo programático do que à pesquisa como eixo fundamental da aprendizagem.

Tecnologias para comunicação e publicação

Os alunos gostam de se comunicar pela internet. As páginas de grupos na *web* permitem o envio de correio eletrônico e seu registro numa página. Há ferramentas de discussão *on-line* (*chats*) e *off-line* (fóruns). O *chat* ou outras formas de comunicação *on-line*, por exemplo, são ferramentas muito apreciadas pelos alunos e bastante desvalorizadas pelos professores. Alega-se dispersão (em geral, real) e o não aprofundamento das questões. Mas há a predisposição dos alunos para a conversa *on-line*, ela faz parte dos seus hábitos. Com as novas soluções, como o *videochat*, o *chat* com voz e algumas formas de gerenciamento podem ser muito úteis em cursos semipresenciais e a distância.

---

15. Informações extraídas da página da *webquest* no *site* do Senac-SP, disponível em http://webquest.sp.senac.br/.

A escola, com as redes eletrônicas, abre-se para o mundo; o aluno e o professor se expõem, divulgam seus projetos e pesquisas, são avaliados por terceiros, positiva e negativamente. A escola contribui para divulgar as melhores práticas, ajudando outras escolas a encontrar seus caminhos. A divulgação faz com que o conhecimento compartilhado acelere as mudanças necessárias e agilize as trocas entre alunos, professores e instituições. A escola sai do casulo, do seu mundinho, e se torna uma instituição na qual a comunidade pode aprender contínua e flexivelmente.

Quando focamos mais a aprendizagem dos alunos do que o ensino, a publicação da produção deles se torna fundamental. Recursos como o portfólio, em que os alunos organizam o que produzem e colocam à disposição para consultas, são cada vez mais utilizados. Os *blogs*, *fotologs* e *videologs* são recursos interativos de publicação, com possibilidade de fácil atualização e de participação de terceiros. Essas páginas começaram no "modo texto", depois, evoluíram para a apresentação de fotos, desenhos e outras imagens e, atualmente, estão na fase do vídeo. Professores e alunos podem gravar vídeos curtos, com câmeras digitais, e disponibilizá-los como ilustração de um evento ou pesquisa. Os *blogs*, *flogs* (*fotologs* ou *videologs*) são utilizados mais pelos alunos do que pelos professores, principalmente como espaço de divulgação pessoal, de mostrar a identidade, em que se misturam narcisismo e exibicionismo, em diversos graus. No entanto, atualmente, há um uso crescente dos *blogs* por professores dos vários níveis de ensino, incluindo o universitário. Eles permitem a atualização constante da informação, pelo professor e pelos alunos, favorecem a construção de projetos e pesquisas individuais e em grupo e a divulgação de trabalhos. Com a crescente utilização de imagens, sons e vídeos, os *flogs* têm tudo para se transformarem em sucesso na educação e se integrarem com outras ferramentas tecnológicas de gestão pedagógica. As grandes plataformas de educação a distância ainda não descobriram e incorporaram todo o potencial dos *blogs* e *flogs*.

A possibilidade de os alunos se expressarem, tornarem suas ideias e pesquisas visíveis, confere uma dimensão mais significativa aos trabalhos acadêmicos. "São aplicativos fáceis de usar, que promovem o exercício da expressão criadora, do diálogo entre textos, da colaboração", explica Suzana Gutierrez, da UFRGS. "*Blogs* possuem historicidade, preservam a construção e não apenas o produto (arquivos); são publicações dinâmicas que favoreçam a formação de redes".[16] "Os *weblogs* abrem espaço para a consolidação de novos papéis para alunos e professores no processo de ensino-aprendizagem, com uma atuação menos diretiva destes e mais participante de todos." A professora Gutierrez lembra que os *blogs* registram a concepção do projeto e os detalhes de todas as suas fases, o que incentiva e facilita trabalhos interdisciplinares e transdisciplinares. "Pode-se, assim, oferecer alternativas interativas e suporte a projetos que envolvam a escola e até famílias e comunidade."[17] Os *blogs* também são importantes para aprender a pesquisar junto e a publicar os resultados.

Há diferentes tipos de *blogs* educacionais: produção de textos, narrativas, poemas, análise de obras literárias, opinião sobre atualidades, relatórios de visitas e excursões de estudos, publicação de fotos, desenhos e vídeos produzidos por alunos. A organização dos textos pode ser feita por meio de algumas ferramentas colaborativas, como o *Wiki*, que é um *software* que permite a edição coletiva de documentos, usando um sistema simples de escrita, sem que o conteúdo tenha de ser *revisado* antes da publicação. A maioria dos *wikis* são abertos a todo o público ou pelo menos a todas as pessoas que têm acesso ao servidor *wiki*.[18]

Portanto, como vimos, a internet tem hoje inúmeros recursos que combinam publicação e interação, por meio de listas, fóruns, *chats*, *blogs*. Existem portais de publicação mediados, em que há algum tipo de controle, e outros abertos, baseados na colaboração de voluntários. O *site* http://www.wikipedia.org representa um dos esforços mais notáveis, no mundo inteiro, de divulgação do conhecimento. Milhares de pessoas contribuem para a elaboração de enciclopédias sobre todos os temas, em várias línguas. Qualquer indivíduo pode publicar e editar o que as outras pessoas

---

16. Priscilla Brossi Gutierrez. "Blogs na sala de aula: Cresce o uso pedagógico da ferramenta de publicação de textos na internet", disponível em http://www.educarede.org.br/educa/revista_educarede/especiais.cfm?id_especial=221.
17. "Blogs como ferramentas pedagógicas", disponível em http://www.ead.sp.senac.br/newsletter/agosto05/destaque/destaque.htm.
18. http://pt.wikipedia.org/wiki/Wiki.

escreveram. Só em português foram divulgados mais de 30 mil artigos no Wikipedia. Com todos os problemas, a ideia de que o conhecimento pode ser coproduzido e divulgado é revolucionária e nunca antes havia sido tentada da mesma forma e em grande escala. Aqui, contudo, professores e alunos precisam validar a fonte, pois algumas vezes há informações incorretas.

Outro recurso popular na educação é a criação de arquivos digitais sonoros, programas de rádio na internet ou *podcasts*. São arquivos digitais, que se assemelham a programas de rádio e podem ser baixados da internet usando a tecnologia RSS, que "avisa" quando há um novo episódio colocado na rede e permite que ele seja baixado para o computador. Há *podcasts* em todas as áreas.[19]

São muitas as possibilidades de utilização dos *blogs* na escola. Primeiro, pela facilidade de publicação, que não exige quase nenhum tipo de conhecimento tecnológico dos usuários, e, segundo, pelo grande atrativo que essas páginas exercem sobre os jovens.

> É preciso apenas que os professores se apropriem dessa linguagem e explorem com seus alunos as várias possibilidades deste novo ambiente de aprendizagem. O professor não pode ficar fora desse contexto, deste mundo virtual que seus alunos dominam. Mas cabe a ele direcionar suas aulas, aproveitando o que a internet pode oferecer de melhor.[20]

Palloff e Pratt (2002, pp. 192-194) afirmam que as chaves para a obtenção de uma aprendizagem em comunidade, bem como uma facilitação *on-line* bem-sucedida, são simples: honestidade, correspondência,

---

19. Com um arquivo RSS, os autores desses programas de rádio caseiros disponibilizam para os "ouvintes" a possibilidade de ouvir ou baixar os novos "programas". Utilizando *softwares* como o Ipodder, é possível baixar os novos programas automaticamente, até mesmo sem precisar acessar o *site* do autor, podendo-se gravá-los depois em aparelhos de MP3, CDs ou DVDs, para serem ouvidos quando se desejar.
20. É o que Gládis Leal dos Santos afirma em "Blogs como ferramentas pedagógicas", disponível em http://www.ead.sp.senac.br/newsletter/agosto05/destaque/destaque.htm.

pertinência, respeito, franqueza e autonomia, elementos sem os quais não há possibilidade de atingir os objetivos de ensino propostos.

O jogo como recurso didático fundamental

Aprender brincando. Brincar é diferente de jogar. Brincar é ter o espírito livre para explorar, ser e fazer por puro prazer. O jogo é uma atividade definida por um conjunto de regras, como no futebol, na composição de um soneto, de uma sinfonia, na diplomacia.

O jogo ensina a conviver com regras e a encontrar soluções para desafios, em parte, previstos. Na brincadeira, há mais liberdade de criação, de reorganização. Os dois são importantes para a aprendizagem. Aprendemos pelos jogos a conviver com regras e limites, explorando nossas possibilidades. Aprendemos, pelas brincadeiras, a encontrar variáveis e inovações com base em nossos objetos ou em pessoas.

Os jogos podem ter caráter competitivo ou cooperativo.

> Ao contrário da maioria dos jogos mais conhecidos, os Jogos Cooperativos propõem a participação de todos, sem que ninguém fique excluído. Propõem que o objetivo e a diversão sejam coletivos, não individuais. Libertam os indivíduos da pressão da competição, do medo de serem eliminados e da agressão física. Possibilitam o desenvolvimento da criatividade, da empatia, da cooperação, da auto-estima e de relacionamentos interpessoais saudáveis e realizadores. (Falcão 2003, p. 4)

As tecnologias virtuais têm desenvolvido situações muito variadas de exercícios de jogos: jogos presenciais e virtuais, individuais e coletivos, de poucos ou muitos jogadores, de curta ou de longa duração. Hoje, existem jogos complexos, com milhares de jogadores e com papéis muito variados e diferenciados. Ambientes como o MMORPG, sigla em inglês de *Massive Online Multiplayer Role-Playing Game* ou o *Second Life*,[21] são ambientes

---

21. http://www.mmorpg.com e http://secondlife.com.

de jogos massivos, que permitem que o jogador crie um personagem, em uma rede que muitas vezes recebe alguns milhões de jogadores simultaneamente, e interaja com o ambiente virtual e com outros jogadores. São situações novas com imensas possibilidades para a educação em todos os níveis.

Os jogos são meios de aprendizagem adequados principalmente para as novas gerações, viciadas neles, para as quais os jogos eletrônicos fazem parte das formas de diversão e do desenvolvimento de habilidades motoras e de decisão. A educação só tem utilizado os jogos na educação infantil. Parece que, depois dela, o ensino é "sério" e os jogos, cada vez mais, são deixados de lado. É importante a utilização mais frequente, variada e adequada dos jogos. Segundo James Paul Gee (2003), "os *games* que possuem quebra-cabeças e outros desafios são capazes de proporcionar à criança uma melhora cognitiva muito maior do que uma aula convencional". Esse professor acredita que o modo de pensar gerado pelos jogos está mais adaptado ao mundo atual do que o ensinado pelas escolas. Em jogos como *Grand Theft Auto* e *Tomb Raider*, a criança é desafiada até o limite de sua habilidade. O mesmo não ocorre na sala de aula, argumenta o professor Gee, que considera as atividades escolares alienantes e chatas para os estudantes. Ainda segundo Gee, as crianças alcançam um maior nível de aprendizagem, porque o conhecimento obtido nos *games* pode ser aplicado imediatamente. Em contrapartida, numa escola, o estudante tende a ser passivo e só irá utilizar o que lhe for ensinado quando fizer a lição de casa. Gee afirma que, ao jogar *videogame*, as crianças compreendem melhor imagens, símbolos e são estimuladas em sua criatividade. Simuladores como *The Sims* e *Sim City* fazem aumentar o interesse pela ciência. Outra vantagem apontada por Gee é a possibilidade de passar informações, de uma maneira mais divertida e interativa.

> Ao se tornarem bons jogadores, isto é, ao aprenderem a tirar o melhor proveito possível das regras, é possível que desenvolvam competências e habilidades tais como a disciplina, a concentração, a perseverança, a flexibilidade, a organização. Nos jogos em grupos, os sujeitos poderão desenvolver a coordenação de pontos de vista, a cooperação, a observação, a participação. Pela avaliação e reavaliação contínua – avaliação formativa – o aluno poderá

generalizar suas conquistas com os jogos para o âmbito familiar, social e escolar. Saber elaborar explicações e justificativas, levantar hipóteses e descobrir provas, experimentar a necessidade lógica de reconhecer evidências, contradições e implicações, ou seja, aprender a proceder de forma lógica e coerente, será um dos resultados possíveis desse tipo de trabalho. (Gomes 2003, p. 112)

No ensino superior, há uma crescente aceitação dos jogos, principalmente em administração e economia. Os jogos de empresa tentam representar o ambiente empresarial, colocando os jogadores diante de situações similares àquelas pelas quais os executivos passam em sua rotina de trabalho. Podem ser jogos dentro da classe, de uma classe com outra ou de muitas equipes do mesmo país ou de países diferentes disputando entre si. Em pouco tempo, os jogos procuram, pela vivência, pesquisa e aprendizagem direta, transmitir uma grande quantidade de conceitos.[22]

Costuma haver um grande envolvimento emocional dos jogadores nas situações que têm de superar, como resultado da pressão dos concorrentes na luta pela liderança. Nesses jogos, o aprendizado é progressivo. Os participantes aprendem ao analisar acertos e erros ao longo da partida. São desenvolvidas habilidades de diagnóstico em situações de planejamento e implementação de soluções, além da capacidade de trabalho em grupo.

Tecnologias como apoio para inclusão social

Estima-se que 650 milhões de pessoas convivam com algum tipo de deficiência, o equivalente a 10% da população mundial. Um amplo conjunto de problemas e questões afeta o acesso dessas pessoas com necessidades especiais à escola e sua permanência nela. Há desinformação entre os próprios deficientes e na escola. Falta preparação, especificamente dos professores, para receber alunos deficientes e trabalhar com eles. A presença desses

---

22. Ricardo Miyashita *et al.* "Os jogos de empresas como instrumento de treinamento em logística empresarial", disponível em http://www.eng.uerj.br/deptos/professor/215/Simpep_2003_Miyashita_Os_jogos_de_empresas_como_instrumento_de_treinam.pdf.

alunos é um desafio a mais para os educadores e pode despertar a escola para uma nova organização pedagógica, que valorize as diferenças.

Todos os recursos que contribuem para proporcionar vida mais independente às pessoas com necessidades especiais são denominados tecnologias *assistivas*, como a linguagem de sinais, os textos falados ou avisos sonoros nos computadores. Para os deficientes visuais, há produção de livros em braille, sistemas de leitura com áudio e equipamentos para ampliação de caracteres gráficos. Na internet, há *sites* com versões para deficientes, como o http://www.amazon.com/access, uma adaptação da livraria virtual para deficientes visuais. O http://www.dicionariolibras.com.br é outro exemplo. Nele, os deficientes auditivos, especialmente as crianças, podem aprender a linguagem de sinais, denominada Libras. São importantes também as legendas para deficientes auditivos nas TVs e nos vídeos. Quem não enxerga ou tem mobilidade reduzida pode usar um *podcast* para relatar experiência pessoal, falar de suas habilidades e aspirações. A característica mais extraordinária dessa ferramenta é permitir a comunicação sem barreiras – e muito rápida. Em questão de poucas horas, professores e alunos criam um programa e o colocam no ar.

Muitas páginas da internet estão fora do alcance de deficientes físicos, mas poderiam facilmente ser alteradas para atender aos padrões internacionais de acessibilidade. Entre os problemas mais comuns, está o uso de uma linguagem de programação muito difundida, conhecida como *JavaScript*, e de recursos gráficos desprovidos de explicação em texto. O uso intensivo dessa linguagem torna impossível, para cerca de 10% dos usuários de internet, obter acesso a informações essenciais, porque não dispõem do *software* necessário. Descrições textuais de recursos gráficos permitem que indivíduos cegos os "vejam" por meio de *software* de leitura de telas que converte textos em fala eletrônica.[23] Por outro lado, hoje, os cegos podem, pelo celular, receber e enviar mensagens de texto, identificar ligações, gravar compromissos e contatos na agenda, usar a calculadora,

---

23. "Deficiente é privado de acesso a *sites*, diz ONU", artigo publicado no portal Globo.com, em 6/12/2006, disponível em http://g1.globo.com/Noticias/Tecnologia/0,,AA1377183-6174,00.html.

"ler" textos e planilhas, além de conversar. O celular também tem sido muito adotado por deficientes auditivos, que se comunicam por mensagens de texto (SMS).

É muito grande a importância do futuro sistema de telecomunicações móveis, o UMTS (*Universal Mobile Telecommunication System*), para cidadãos com necessidades especiais. Ele traz enormes vantagens para os deficientes, por poder, por meio de áudio, vídeo ou texto, compensar as dificuldades de comunicação. Um surdo, por exemplo, pode usar o telefone, pois será capaz de comunicar-se por linguagem gestual com seu interlocutor, sem necessidade de ouvi-lo, através da imagem.

As tecnologias possibilitam também que crianças e jovens doentes continuem estudando no hospital ou em casa e se comuniquem em redes com seus pares. Permitem, ainda, que comunidades carentes sejam incluídas na rede e possam estudar, comunicar-se, aprender. Há centenas de telecentros no Brasil com essa missão.

A organização da tecnologia em favor de maior igualdade, inclusão e acesso não está absolutamente garantida, mas dependerá, em grande medida, da mobilização de alunos, educadores e comunidades, exigindo que a tecnologia seja usada de maneira que atenda aos interesses da educação.[24]

Alguns caminhos e atitudes para termos uma escola inclusiva são:

- prática inclusiva e disposição para mudar, respeitando os alunos com todas as suas peculiaridades;
- fornecer aos professores capacitação para suprir necessidades e lacunas, dentro de uma formação educacional para a diversidade;
- ensinar a todos sem distinção e sem homogeneizar;
- não adotar a discriminação como ato educacional;

---

24. Alguns endereços interessantes para aprofundar a relação entre deficiência e tecnologias: http://www.jfservice.com.br/informatica/arquivo/tecnologias/2002/05/10-deficiente/; http://www.entreamigos.com.br; http://www.cecae.usp.br/usplegal; http://www.saci.org.br; http://www.audioteca.com.br; http://www.lerparaver.com; http://www.cedipod.org.br.

- educar com o conceito de cidadania e dignidade presentes na Constituição;
- tratar alunos com deficiência como se tratam os sem deficiência.

"Podemos alcançar esses objetivos através da educação e de uma consciência inclusiva, assim como se desenvolveu nas crianças uma consciência ecológica."[25]

Algumas estratégias de aula focadas na pesquisa

São muitos os caminhos para inovar no ensino com tecnologias. As escolhas dependerão da situação concreta em que a instituição e os professores se encontrem: projeto pedagógico, número de alunos, tecnologias disponíveis, apoio técnico-pedagógico. Algumas parecem ser, atualmente, mais viáveis e produtivas para o educador.

Com tecnologias, o professor pode combinar *aulas-informação* – em que apresenta suas sínteses, mostra novos cenários ou introduz novos temas – com *aulas-pesquisa*, em que estimula os alunos a serem investigadores, a buscarem, em experiências, informações significativas e a analisá-las, individualmente e em grupo, para teorizar, isto é, compreender o que há de geral naquela experiência particular. As aulas-informação podem ser ao vivo ou gravadas, podem ser para uma classe ou para várias simultaneamente, por meio de *webconferência* ou outro recurso de comunicação equivalente. As aulas-informação podem ser precedidas de leituras ou complementadas com leituras e análise de textos importantes.

Essa pesquisa pode ser feita individualmente ou em pequenos grupos, utilizando, por exemplo, metodologia colaborativa como a *webquest*. O professor procura ajudar a contextualizar, a ampliar o universo alcançado

---

25. Francisco Lima, coordenador do Laboratório de Estudos Inclusivos da Universidade Federal de Pernambuco, em declaração a Adriana Perri, no artigo "Crescendo com a diferença", publicado na *Revista Sentidos*, em 14/12/2006, disponível em http://saci.org.br/index.php?modulo=akemi&parametro=19040.

pelos alunos, a problematizar, a descobrir novos significados no conjunto das informações. Os resultados da pesquisa são compartilhados com os demais no ambiente virtual, no *blog* e/ou no presencial e depois divulgados. Esse caminho de ida e volta, em que todos se envolvem e do qual participam, é fascinante, criativo, cheio de novidades e de avanços. O conhecimento elaborado com base na própria experiência se torna muito mais forte e definitivo em nós.[26]

É importante, neste processo dinâmico de aprender pesquisando, utilizar todos os recursos, todas as técnicas possíveis para cada professor, cada instituição, cada classe. Vale a pena descobrir as competências dos alunos em cada classe, que contribuições podem dar ao curso. Não se impõe um projeto fechado, mas um programa com grandes diretrizes delineadas, em que se constroem caminhos de aprendizagem em cada etapa, atentos – professor e alunos –, para avançar da forma mais rica possível em cada momento.

Em cada curso, organiza-se a sequência conveniente de encontros presenciais e virtuais. No virtual, pode-se manter uma parte do tempo ocupado em compreensão de textos fundamentais. Podem-se tirar dúvidas em determinados horários ou de forma assíncrona. Pode-se discutir um texto num fórum ou numa sala virtual. Pode-se iniciar uma discussão num fórum e depois terminá-la num *videochat*, em tempo real. O importante é que todos participem, envolvam-se, discutam. Em turmas grandes, o professor tem a colaboração de professores assistentes ou tutores, para acompanhar grupos de alunos e dar também atendimento individual.

Com a banda larga, há mais possibilidades de fazer *videochats*, de ver os alunos, de orientar grupos, de esclarecer pontos difíceis, de fazer apresentações remotas. Cada curso vai utilizar mais recursos *on-line* ou menos, dependendo das suas características e do seu projeto pedagógico. Isso também depende muito do perfil do professor, do grupo, de sua maturidade, sua motivação, do tempo disponível, da facilidade de acesso à

---

26. Esse tema é aprofundado no livro *Novas tecnologias e mediação pedagógica*, de José Manuel Moran, Marcos Masetto e Marilda Behrens. 12ª ed. Campinas: Papirus, 2006, e também no *site* http://www2.eca.usp.br/moran.

internet. Muitos professores e alunos se comunicam bem no virtual, outros não. Alguns são rápidos na escrita e no raciocínio, outros não. Para determinados professores, a utilização de recursos a distância torna-se bastante difícil. Uns fazem as atividades de forma burocrática, sem entusiasmo. Outros sentem a diferença do ambiente e dos procedimentos e não realizam bem as atividades. A instituição precisa ter programas de capacitação contínua, apoio de uma equipe técnico-pedagógica e organização nas formas de gerenciar as atividades a distância dos professores com maiores dificuldades, como colocar um professor assistente para trabalhar no ambiente virtual.

Educar em ambientes virtuais exige mais dedicação do professor, mais apoio de uma equipe técnico-pedagógica, mais tempo de preparação – ao menos na primeira fase – e principalmente de acompanhamento, mas para os alunos há um ganho grande de personalização da aprendizagem, de adaptação ao seu ritmo de vida, principalmente na fase adulta.

O que muda no papel do professor? Muda a relação de espaço, tempo e comunicação com os alunos. O espaço de trocas se estende da sala de aula para o virtual. O tempo de enviar ou receber informações se amplia para qualquer dia da semana. O processo de comunicação se dá na sala de aula, na internet, no *e-mail*, na comunicação *on-line*. É um papel que combina alguns momentos do professor convencional – às vezes, é importante dar uma bela aula expositiva – com um papel muito mais destacado de gerente de pesquisa, de estimulador de busca, de coordenador de resultados. É um papel de animação e coordenação muito mais flexível e constante, que exige muita atenção, sensibilidade, intuição e domínio tecnológico.

Em cada curso, cada professor vai fazer isso de forma semelhante e, ao mesmo tempo, diferente. Não podemos padronizar e impor um modelo único para a educação *on-line*. Cada área do conhecimento precisa mais ou menos do presencial. É importante experimentar, avaliar e avançar até termos segurança do ponto de equilíbrio na gestão do virtual e do presencial e caminhar para ampliar as propostas pedagógicas mais adequadas para cada situação de ensino-aprendizagem *on-line*.

Aprender a ensinar e a aprender, integrando ambientes presenciais e virtuais, é um dos grandes desafios que estamos enfrentando atualmente na educação no mundo inteiro.

A avaliação também precisa ser diferente

Minha experiência em avaliação de aprendizagem como professor é mais interessante em cursos semipresenciais, que combinam o *blended learning*, o aprender em sala de aula e *on-line*. Comecei no fim da década de 1990 a oferecer disciplinas presenciais em pós-graduação intercalando atividades a distância nas aulas presenciais. Causava um certo estranhamento nos alunos e em mim, no começo, dispensar os alunos de algumas aulas e discutir temas num fórum ou *chat*, mas também percebíamos a importância de ensinar e de aprender dessa nova forma. A primeira vantagem era diminuir o número de viagens e deslocamentos. Alguns alunos vinham de outras cidades e estados e percebiam como era mais humano ter essa alternância de tempos presenciais e virtuais. Essa flexibilidade facilitava a vida deles e a do professor. Também foram vistas como importantes a liberdade de acesso, a adaptação ao ritmo de cada um, a combinação de aprendizagem individual com grupal e a possibilidade de aprendermos juntos, mesmo a distância.

O contato com os ambientes virtuais me fez perceber que a avaliação não podia ser feita só no fim, que era importante realizar atividades que se somassem, integrassem e concluíssem ao longo do curso. E que era importante *equilibrar planejamento e improvisação*. No presencial, frequentemente, mudavam o planejamento e a forma de avaliação. No semipresencial, aprendi a elaborar cursos em parte preparados e em parte construídos junto com os alunos. O sucesso dos cursos dependia de mim, do planejamento e da organização, mas também dependia dos alunos, da sua motivação, da sua competência. Há alunos que enriquecem qualquer curso, porque contribuem, colaboram, interagem, pesquisam. Isso ajuda os colegas, que se animam. Se os cursos acontecem em parte pela interação, não se pode prever tudo. É importante que o aluno possa trazer contribuições também para a avaliação, que possa fazer propostas.

Atuei muitos anos em cursos de comunicação, o que me trouxe muitas contribuições para a avaliação. Constatei que *negociando com os alunos* os ajudava mais do que trazendo uma única proposta acabada e pronta para todos. A atitude dos alunos muda quando, dentro de alguns parâmetros delineados pelo professor, podem sugerir atividades, formas de realização e de apresentação. Se o importante é que o aluno aprenda, quanto mais eu me aproximar dele para ajudá-lo a aprender, melhor. Como a avaliação faz parte da aprendizagem, *a avaliação também pode ser combinada, negociada, personalizada*. E os cursos semipresenciais se prestam muito bem a essa flexibilidade. No ambiente virtual, o professor pode atuar como orientador de pesquisa, de projetos, como consultor, tirando dúvidas, dando sugestões. Por isso, pode personalizar e tornar mais flexível o processo de avaliação.

Dentre as diferentes possibilidades de avaliação da aprendizagem dos alunos, vale a pena destacar e combinar estas três:

1) Elaboração de *atividades relacionadas ao conteúdo*, à compreensão de conceitos, de textos e de contextos, em resenhas, comparação entre textos ou autores, até concluir com um ensaio-síntese com as principais ideias aprendidas ao longo do curso. Não basta dar um tema de pesquisa teórico. É importante elaborar um pequeno roteiro, que ajude o aluno a personalizar o assunto, a trazê-lo para sua realidade, que faça ponte entre a teoria e a prática. Isso minimiza o famoso copiar-colar, hoje tão corriqueiro. No caso de dúvida, também pode-se recorrer a um *software* de verificação de conteúdo na rede ou colocar algum parágrafo num portal de busca e checar os resultados.

2) *Pesquisa sobre temas próximos à vida e ao interesse do aluno.* O professor pode solicitar uma pesquisa individual e outra em pequenos grupos, na forma de projeto. Em cursos semipresenciais, venho constatando a importância do desenvolvimento de projetos ligados à experiência e à vida dos alunos. Projetos de poucos alunos, que pesquisam na internet, tiram suas dúvidas com o professor em classe e por *e-mail* ou pelo *Messenger* e que são apresentados no final para todos e publicados no ambiente virtual do curso. A *webquest* tem se revelado um bom guia no desenvolvimento de projetos de pesquisa mediados pela *web*.

3) Avaliação da qualidade da *participação no ambiente virtual* em fóruns, listas, *chats* e *blogs*, principalmente. O professor pode

planejar a *avaliação nos ambientes virtuais em três campos principais: o da pesquisa, o da comunicação e o da produção-publicação*. Na pesquisa individual e grupal de temas, experiências, projetos, textos. Na comunicação, realizando debates *off e online* sobre os temas e experiências pesquisados. E na produção, divulgando com os alunos os resultados em páginas *web*, *blogs* ou em outros formatos multimídia, para que todos possam ter acesso a essas informações.

Percebi que os alunos gostam que a avaliação não sirva só para obter uma nota ou conceito, mas para que possam apresentar, comunicar, expor para a classe e para o professor o que fizeram. E os ambientes virtuais são ótimos para *publicar os resultados das pesquisas*, depois da apresentação presencial e dos debates subsequentes. Os programas de gestão de cursos a distância, os LMS, em geral, não valorizam a publicação das pesquisas dos alunos. Preveem a entrega dos trabalhos e os comentários do professor, mas não se preocupam com a publicação e a colaboração. Em alguns, há áreas para publicação genérica pelos alunos, mas é uma espécie de espaço público, coletivo, onde os alunos perdem a individualidade. Os *blogs* podem ser uma forma importante de publicação, porque preservam a individualidade do autor e facilitam a interação, os comentários dos colegas. É importante combinar colocar *blogs* dentro dos LMS, com a função de publicação interativa do processo e dos resultados de aprendizagem.

Uma das preocupações do professor é acompanhar o progresso do aluno, desde o início até o fim de um determinado curso. Algumas ferramentas do Teleduc foram muito úteis, na minha experiência, para organizar esse acompanhamento. O *diário de bordo* permite registrar e visualizar o caminho que o aluno percorre, suas dúvidas e realizações. Esse diário compartilhado com o professor foi útil para ajudar os alunos, para modificar os rumos em determinados momentos de um curso e, principalmente, como um instrumento que permitiu a visualização da trajetória do aluno. O diário de bordo se combina com o bom uso do portfólio. Nele, o aluno guarda seus materiais, suas pesquisas e pode ou não compartilhá-las. Os alunos, na sua grande maioria, preferem tornar públicos seus portfólios. É uma excelente forma de avaliar a aprendizagem. Como disse há pouco, os *blogs* podem ser também importantes ferramentas para a construção do diário de bordo e do portfólio e devem ser incorporados aos tradicionais programas de gestão de cursos *on-line*.

Uma situação de aprendizagem virtual que os alunos valorizam muito mais do que os professores é a *comunicação em tempo real*. Vários colegas meus criticam a utilização do *chat* como uma ferramenta dispersiva, superficial e com dificuldade de aproveitamento. Concordo com essas dificuldades, mas, ao mesmo tempo, sempre confirmei a importância que esses *chats* tinham para os alunos, mesmo quando tinha a impressão de que não pareciam atingir os objetivos previstos. Muitas vezes, marquei *chats* em fins de semana, em horários pouco convencionais, escolhidos por eles, e constatei a vivacidade com que participavam e o entusiasmo com que se expressavam. Se os alunos se motivam com o *chat*, ele pode ser utilizado também como um instrumento de avaliação, principalmente do curso. Com o avanço da banda larga, os *chats* estão se tornando *videochats*, com possibilidade de o professor e uma parte dos alunos verem-se, ouvirem-se e comunicarem-se por escrito. Programas de *webconference* como o *Breeze* da Macromedia e outros semelhantes possibilitam comunicação em tempo real mais rica, interativa e gerenciada, com inúmeras vantagens para a troca de informações, a apresentação de trabalhos a distância e as discussões virtuais, o que pode ser extremamente útil para novas formas de avaliação *on-line*.

As contribuições dos alunos em fóruns também são excelentes para avaliação. Os *fóruns* e as *listas de discussão* são instrumentos importantes de aprendizagem coletiva. Alguns alunos trazem questões e respostas que enriquecem muito o debate e, por isso, devem ser valorizados. Há também os que escrevem muito e contribuem pouco e os que praticamente não se expõem, que ficam mais como olheiros. Fóruns e listas ajudam a aprofundar a discussão iniciada em sala ou podem ser usados como formas de preparação para a discussão presencial e para a sua avaliação. É possível, na comunicação assíncrona, preparar previamente as aulas, com envio de textos, questionários, resenhas, pesquisas, e apresentar questões para debate. O professor pode acompanhar e avaliar o nível de entendimento do conteúdo, tirar dúvidas e explicar melhor conceitos mal assimilados ou trabalhados sem a devida profundidade. Em respostas e comentários, é possível avaliar o nível de conhecimento e de reflexão do grupo. Permite-se, também, uma avaliação do próprio professor sobre a metodologia de ensino e sobre as estratégias adotadas no curso, o que possibilita a reorganização do planejamento, incorporando os interesses e as sugestões dos alunos.

Grupos pequenos de trabalho colaborativo se beneficiam da assincronicidade pela falta de parâmetros de tempo e espaço nas discussões. Podem desenvolver individualmente materiais com conteúdos mais complexamente trabalhados no seu próprio ritmo e horário, para, num segundo momento, colocá-los em discussão com os pares.

O professor deve "perceber" seus alunos nas participações em atividades síncronas e assíncronas. Pode acompanhar a evolução de cada um, verificar seus pontos fracos e suas dificuldades, onde estão bem e que temas precisam de maior aprofundamento. Ao final do curso, por meio de atividades criativas, o professor/mediador terá mais objetividade na avaliação como um todo, ao traçar um paralelo entre o início e o término do curso.

As ferramentas de comunicação virtual até agora são predominantemente escritas, mas caminham para serem audiovisuais. Por enquanto, escrevemos mensagens, respostas, simulamos uma comunicação falada. Esses *chats* e fóruns permitem contatos a distância, podem ser úteis, mas não podemos esperar que só assim aconteça uma grande revolução, automaticamente. Depende muito do professor, do grupo, de sua maturidade, sua motivação, do tempo disponível, da facilidade de acesso. Por isso, é importante experimentar uma nova metodologia da educação *on-line*, desenvolvendo atividades, pesquisas, projetos, formas de comunicação integrados e complementares nos ambientes presenciais e virtuais.

Os princípios de avaliação são os mesmos para cursos presenciais, semipresenciais e a distância; o que muda é a forma de organizá-los e os recursos tecnológicos mais adequados para cada um. Preocupa-me ver em cursos a distância, principalmente os massivos, a utilização de provas de múltipla escolha, presencialmente, porque o MEC exige avaliações presenciais em cursos a distância, o que não significa que sejam necessariamente provas nem que todo o processo de avaliação esteja concentrado só nos momentos presenciais. *Ainda predomina o foco no conteúdo na maior parte dos cursos a distância e também nos presenciais.* Como consequência, a avaliação se concentra na verificação da apreensão desse conteúdo e esquece todas as outras dimensões: de processo, de construção coletiva do conhecimento, das dimensões emocionais e éticas do projeto de ensino e aprendizagem, da flexibilidade na adaptação ao ritmo do aluno. Falta muito para mudar efetivamente os processos de avaliação, porque os projetos pedagógicos dos cursos presenciais, semipresenciais e a distância são implantados, em geral, de forma simplista, massificadora e reducionista. Só falei da avaliação da aprendizagem, mas precisamos rever e modificar os projetos de educação como um todo, para incluir processos de avaliação mais ricos, abrangentes e participativos.

Acho que toda avaliação, virtual ou presencial, deve ser continuada; o que significa que devemos avaliar não apenas um questionário de perguntas e respostas previamente elaboradas; devemos levar em conta também a participação do aluno, com dúvidas, comentários, críticas e atitudes em relação aos conteúdos abordados e em relação ao grupo e ao professor. Além disso, a pesquisa, o desenvolvimento de projetos, a criatividade nos trabalhos, a organização e, sobretudo, a flexibilidade com que o aluno faz conexões e relações entre diversos temas, autores e áreas de conhecimento devem ser levados em consideração na avaliação.

5
MUDANÇAS NA EDUCAÇÃO COM AS TECNOLOGIAS

Aos poucos, a sociedade vai se conectando à internet, com consequências profundas no futuro próximo. Quanto mais conectada a sociedade, mais a educação poderá ser diferente. Não haverá tanta necessidade de ficarmos todos no mesmo lugar, para aprender ao mesmo tempo e com as mesmas pessoas. A conectividade abre possibilidades muito variadas de aprendizagem personalizada, flexível, ubíqua, integrada. Como ela é um processo caro e desigual, levará algum tempo até termos condições de generalizá-lo, e a educação permanecerá ainda com um forte viés presencial, o que dificulta mudanças profundas nas propostas educacionais.

Mudanças na educação presencial

A educação, em todos os níveis, será cada vez mais flexível. Quanto mais adulto o aluno, mais flexível será o processo. É absurdo exigir de um profissional adulto que ingressa no nível superior que refaça todos os níveis de ensino anteriores e frequente o mesmo curso que um aluno inexperiente, recém-saído do ensino médio. A resposta simplista para esse problema é que o profissional adulto faça um curso a distância. E por que não pode fazer um curso presencial mais flexível, adaptado ao seu nível de conhecimento?

Temos fundamentalmente duas modalidades de ensino: semipresencial e a distância ou *on-line*, com algumas variações. Numa cidade grande, com dificuldade de transporte, para alunos em fase de formação, o semipresencial parece ser mais adequado, ao menos nos próximos anos. Já quem mora longe do local do curso ou tem necessidade maior de flexibilidade espaçotemporal tem a opção do curso *on-line*, conectado de forma audiovisual, com vários níveis de tutoria. Os cursos mais longos, na fase de formação, necessitaram de mais contatos presenciais ou síncronos, ao passo que, na educação continuada e na pós-graduação, a tendência aponta para uma concentração maior nas atividades *on-line*, com algum momento presencial, para avaliação, enquanto o MEC assim exigir.

Para entender melhor a complexidade dessa utilização das tecnologias na educação brasileira, apresento a seguir as principais situações que enfrentamos.

1) Hoje, há muitas instituições com pouca inserção tecnológica, principalmente na internet. Muitas não têm o fundamental para sobreviver e demorarão para aproximar-se das possibilidades tecnológicas existentes. Grande parte da educação escolar está muito atrasada em relação ao que hoje é possível e tem outras prioridades. Essas instituições demorarão muito para chegar à sociedade da informação e do conhecimento. Sem dúvida, os investimentos governamentais diminuirão progressivamente esse atraso ou essa distância, mas a desigualdade é tão gritante que se passarão décadas até termos a maioria das escolas incorporadas efetivamente a essa nova ordem. Iniciativas como o computador barato para os alunos, sem dúvida, aceleram a inclusão, mas, se em quase metade das escolas não há sanitários decentes, o *notebook* provavelmente enfrentará problemas de manutenção, não de implantação.

Além da demora na implantação das redes físicas, deve ser levado em consideração o tempo de domínio efetivo de todas as possibilidades tecnológicas. Uma coisa é o uso pessoal da tecnologia, para comunicar-se, e outra é o domínio pedagógico, que vem da familiaridade e da realização de inúmeras experiências e práticas, até os professores se sentirem confortáveis no seu uso. Dominamos as tecnologias quando nem as percebemos, quando as utilizamos de forma quase automática, sem pensar. A etapa entre o acesso e a familiarização demora vários anos.

2) Outras escolas e universidades utilizam as tecnologias de forma pontual ou complementar. Costumam criar um portal com algumas funcionalidades virtuais: disponibilização de conteúdo, ferramentas para uso livre pelos professores (divulgação de programas, textos, fóruns, *chats*). Apoiam-se no virtual para resolver alguns problemas crônicos, como recuperação e dependência. Costumam também oferecer algumas disciplinas a distância, comuns a vários cursos, como língua portuguesa, metodologia de pesquisa, sociologia. Normalmente, esses cursos têm material pronto na *web* e os alunos podem consultar um tutor para tirar dúvidas e fazer avaliações presenciais.

3) Outras escolas poderiam utilizar mais as tecnologias, mas preferem investir em projetos pedagógicos engajados socialmente, desconfiadas de que as tecnologias complicam mais do que facilitam. Há um certo preconceito contra as possibilidades pedagógicas das tecnologias, que se reflete nas temáticas valorizadas nos grandes congressos dos educadores, em geral, distantes das tecnologias e mais preocupados com políticas. Esse grupo grande de escolas introduz as tecnologias com cautela, normalmente focando mais os aspectos administrativos que os pedagógicos e o uso pontual delas. Poderiam pensar o semipresencial ou o *on-line* de forma mais direta, mas continuam insistindo no modelo presencial como o mais conveniente.

4) Um quarto grupo de escolas se empolga com as tecnologias, adota-as com rapidez, tem salas de aulas bem equipadas e laboratórios. Mas as utilizam dentro de um marco relativamente tradicional, que foca mais o ensino, o professor, o conteúdo. As tecnologias dão um verniz moderno, chamam a atenção

(*marketing*), mas, no fundo, a escola continua a mesma de antes ou com poucas mudanças. Muitas escolas se encaixam nesse modelo, em que as tecnologias se integram ao convencional, prometendo mudanças que costumam ser periféricas e não radicais.

5) Há escolas que incorporam as tecnologias para baixar custos, encontrar modelos competitivos economicamente, enfrentar a concorrência cada vez mais acirrada no mercado. As que levam vantagem no Brasil são as universidades e os centros universitários particulares. Com maior autonomia, podem criar cursos rapidamente, diminuir sua duração, flexibilizá-los no presencial e oferecer alternativas a distância a preços acessíveis. Em geral, são grandes grupos, com muito *marketing* e rapidez de decisão. Oferecem vários "produtos" com preços diferentes para públicos com poder aquisitivo diferente. No presencial, oferecem cada vez mais cursos semipresenciais, com atividades a distância mais intensas. De outro lado, o educador começa a dar a mesma aula para várias turmas simultaneamente, introduzindo o conceito de professor responsável e professor tutor, utilizando programas de *webconferência* de baixo custo.

6) Há instituições que oferecem cursos semipresenciais ou *on-line* com vários formatos e projetos pedagógicos. Em umas, são cursos em que predominam o conteúdo e a compreensão da informação baseados em aulas prontas e textos. Em outras, focam-se mais a relação teoria e prática, a aprendizagem com os outros, a interaprendizagem, a pesquisa, o desenvolvimento de projetos, a aprendizagem colaborativa.

Do presencial para o semipresencial e o on-line

O semipresencial é o modelo mais viável para a maioria das escolas nos próximos anos. Em todos os níveis de ensino, teremos momentos juntos e atividades personalizadas de inserção em projetos, práticas e pesquisas combinadas com atividades de interação, de colaboração. Dependendo do projeto pedagógico do curso, da instituição, da idade do aluno, haverá diferentes formatos, níveis de flexibilidade e de orientação, mas todos os cursos exigirão muito menos presença física e terão menos horários rígidos.

O semipresencial tende a avançar, porque se adapta melhor à nova sociedade *aprendente*, conectada; porque as crianças e os jovens já têm uma relação com internet, redes, celular e multimídia muito mais familiar do que os adultos. Eles já vivem o semipresencial em muitas outras situações, a escola é que não os está acompanhando. O semipresencial avançará, também, porque, para os mantenedores das escolas, reduzirá custos de utilização de infraestrutura, de ocupação de espaço, de horas-aula de professores.

As ferramentas dos cursos semipresenciais e *on-line* estão evoluindo para plataformas digitais via TV, computador ou celular, muito mais audiovisuais e interativas. Será cada vez mais fácil falar com alguém, fazer uma apresentação a distância, discutir um projeto. Daí a relativa importância de estarmos fisicamente juntos. Será importante para nos conhecermos, olho no olho, para termos uma impressão mais direta um do outro. Depois, passaremos para o virtual-audiovisual-interativo e, no final de um módulo, voltaremos a estar juntos, retomaremos o contato, planejaremos novos projetos, compararemos os conhecimentos adquiridos e os complementaremos.

Outro aspecto importante é pensar em responder a uma demanda mais individualizada de aprendizagem; oferecer alternativas semipresenciais ou *on-line* para a aprendizagem aberta, isto é, focada no aluno, desenhada por ele, com a supervisão de um professor orientador. O essencial não é se o curso é semipresencial ou não, mas qual é o projeto pedagógico, que aprendizagem o aluno desenvolverá (escolha de conteúdos e competências), com que métodos, em que ritmo e com que tipo de ajuda (tutoria, *feedback* e avaliação) se desenvolverá. Essa proposta implica um desenho benfeito do curso, das atividades presenciais, síncronas e assíncronas, dos tempos presenciais e virtuais, do apoio administrativo e acadêmico.

Um exemplo dessa individualização da aprendizagem está no *blended learning*, em que utilizamos as tecnologias para pesquisa e leitura, para ouvir aulas ao vivo ou pela internet, para discutir com os colegas em fóruns e *videochats* e para fazer experiências tanto no mundo real como no virtual.

Um modelo desse tipo de curso semipresencial é o de Engenharia Industrial da Universidade Aberta de Barcelona (curso de segundo ciclo ou de graduação profissional). O grau de presencialidade diminui progressivamente, à medida que o aluno avança nos estudos: ele frequenta a universidade, no máximo, duas tardes por semana (para todas as disciplinas). Essa carga presencial é de menos da metade da dos cursos presenciais tradicionais.

Esses encontros presenciais não são, em princípio, para aulas expositivas, são um espaço para tirar dúvidas, fazer apresentações de pesquisas e trabalhos, discutir resultados, fazer trabalhos em equipe, avaliações presenciais, palestras para aprofundamento de assuntos. Os alunos trabalham com "estudo de casos"; realizam "debates", para aprender a argumentar e discutir, e fazem trabalhos colaborativos, para aprender a analisar, observar e tomar decisões em grupo. No entanto, é importante no virtual que os alunos se sintam acompanhados, que as dúvidas sejam respondidas com rapidez. Para isso, há uma equipe de apoio e tutoria e os alunos também cursam uma disciplina denominada "introdução ao ensino semipresencial" (Griful *et al.* 2005).

O semipresencial vai se tornando *on-line* pleno, conforme o aluno se torna mais autônomo, adulto, experiente. Os cursos começam com atividades mais presenciais, e a dosagem de atividades *on-line* aumenta com o aluno mais maduro, pesquisador, para diminuir as resistências culturais à mudança.

Com a evolução da comunicação audiovisual em tempo real, por teleaula, videoconferência ou internet de banda larga, podemos pensar em professores que atendem a várias turmas ao mesmo tempo, interagem com elas ao vivo e organizam atividades a distância, com a ajuda de assistentes. Alguns dos modelos atuais de educação a distância poderiam ser adotados na educação presencial. É interessante introduzir no presencial muitas das soluções e tecnologias utilizadas na educação a distância ou na educação *on-line*.

O papel do ministério e das secretarias da educação não é limitar, proibir, coibir, mas orientar, dar diretrizes, sem impor um único caminho ou método. Hoje, com receio de grupos que buscam facilidades e oportunismo, o ministério e as secretarias legislam de forma rígida e inibem experiências que já seriam possíveis, principalmente para a instituição isolada, mais dependente das decisões superiores. Com o modelo atual de 100 dias letivos e 75% de presença física, não é possível experimentar situações mais inovadoras na educação presencial.

Mudanças na educação a distância e on-line

É difícil delimitar o que é educação a distância, porque ela acontece dentro e fora de cursos presenciais. Por outro lado, com as tecnologias de comunicação instantânea, é difícil definir o conceito a distância. A educação a distância é um conceito mais amplo que o de educação *on-line*. Um curso por correspondência é a distância e não é *on-line*. Muitos cursos presenciais utilizam atividades de pesquisa pela internet, de discussão num fórum. São atividades de cursos a distância. A educação *on-line* pode ser definida como o conjunto de ações de ensino-aprendizagem desenvolvido por meios telemáticos, como a internet, a videoconferência e a teleconferência.[1]

A educação a distância acontece predominantemente pelos meios telemáticos e outros meios de comunicação, do correio à televisão. A educação *on-line* acontece cada vez mais em situações bem amplas e diferentes, da educação infantil até a pós-graduação, dos cursos regulares aos cursos corporativos. Abrange desde cursos totalmente virtuais, sem contato físico, passa por cursos semipresenciais, e vai até os cursos presenciais com atividades complementares fora da sala de aula, pela internet.

Também há uma certa confusão entre educação a distância e educação aberta. O Brasil tem educação a distância, mas não aberta, no sentido original, até agora. Na universidade aberta, da Espanha ou da Inglaterra, é possível para um adulto chegar à universidade sem o certificado de nível médio; no Brasil, até agora, isso não é possível. Uma universidade aberta também pode ser presencial.

---

1. Na videoconferência, há uma possibilidade técnica maior de interação entre duas ou mais salas do que na teleconferência, que tem um único centro de difusão da informação.

Estamos numa fase de consolidação da educação a distância (EAD) no Brasil, principalmente no ensino superior. O país aprende rápido e os modelos de sucesso são logo imitados. Passamos de importadores de modelos de EAD para desenvolvedores de novos projetos, de programas complexos implantados com rapidez. Podemos enumerar *algumas razões* para esse crescimento expressivo:

- o artigo 80 da LDB, que legalizou a educação a distância em todos os níveis, dando a ela segurança jurídica, o que antes não acontecia;
- a demanda reprimida de milhões de alunos não atendidos, principalmente por dificuldades financeiras;
- o fato de não haver um modelo tradicional consolidado de EAD, como em outros países, permitiu ao Brasil desenvolver formatos mais flexíveis e adequados para cada situação, com poucos ou muitos alunos, recursos e mídias;
- a política de democratização do governo federal e de inclusão de muitos alunos pela educação a distância, principalmente com a criação da Universidade Aberta do Brasil (UAB);
- o brasileiro é aberto à adoção de novas tecnologias.

É muito difícil fazer uma avaliação abrangente e objetiva da EAD no Brasil, pela rapidez com que ela tem se expandido nos últimos anos, porque a maior parte das pesquisas foca experiências isoladas e porque há uma contínua interaprendizagem: cada instituição aprende com as outras e passa a imitar as propostas bem-sucedidas.

O crescimento exponencial dos últimos anos é um indicador sólido de que a EAD é mais aceita do que antes, mas ainda vista como uma solução para ações de grande impacto social (certificar milhares de pessoas simultaneamente) ou supletivas (educação de adultos), como uma forma de atingir quem está no interior, longe dos grandes centros, ou tem poucos recursos econômicos.

É gigantesco o crescimento dos cursos por satélite, com teleaulas ao vivo e tutoria presencial mais apoio da internet. *As instituições que operam com esse modelo de aulas ao vivo para dezenas ou centenas de telessalas, simultaneamente, organizam, em cada uma, uma turma de até 50 alunos que assiste às aulas sob a supervisão de um tutor local e realiza algumas atividades complementares na sala.* Nesse modelo, há alguma interação entre alunos e professores, por meio de perguntas enviadas pelo *chat* e que podem ser respondidas ao vivo, por teleconferência, depois de passar por um filtro de professores auxiliares ou tutores. Essas aulas são complementadas com atividades de leitura e pesquisa coordenadas por um tutor eletrônico, um tutor a distância. Os alunos têm os professores das disciplinas, um tutor presencial e um outro, virtual, que os acompanham ao longo do curso. Além das aulas e das atividades presenciais, os alunos desenvolvem atividades de leitura e pesquisa individualmente, com base em material impresso ou disponibilizado na *web*. É um modelo mais utilizado na formação de professores, que, diante da demanda existente, tem se espalhado com incrível rapidez nos últimos anos, dada a facilidade de criar telessalas em parceria com instituições regionais. Atingem fundamentalmente alunos que têm dificuldade de pagar um curso presencial ou que moram longe dos grandes centros. Algumas dessas instituições abrem milhares de vagas para cada curso. É um fenômeno novo, de grande impacto na educação e que precisa de mais acompanhamento e pesquisa.

O sucesso da teleaula se deve à facilidade da passagem para a EAD, ao contato com o professor, à relação olho no olho, pois uma parte das atividades é realizada localmente, em grupo, com um mediador, tutor ou professor assistente. Os alunos não precisam de tanta autonomia para gerenciar o tempo. Parece um curso presencial, com menos aulas, e é mais barato. O custo, sem dúvida, é um enorme atrativo. Muitos alunos de cursos de formação de professores me disseram que era a única forma de acesso ao ensino superior, diante da impossibilidade de pagar cursos presenciais.

Outro fator de sucesso é o custo decrescente das transmissões por satélite, tornando cada vez mais viável a abertura de novas salas. A infraestrutura local é relativamente simples e econômica, já que se costumam utilizar prédios ou salas que ficam vagos, principalmente à noite, em colégios que só funcionam no período diurno.

Entretanto, com esse crescimento rápido no número de alunos, de polos e de telessalas, na minha avaliação, fica muito difícil manter a qualidade.

Com o tempo, o projeto original apresentado ao MEC vai sendo adaptado, modificado e, em geral, banalizado. Os cursos com grande número de alunos costumam ir reduzindo o tempo de qualificação de professores tutores ou assistentes, que passam a ser chamados para agir de forma generalista, isto é, como tutores de todas as disciplinas. Na prática, seu papel de orientação e facilitação de aprendizagem, intelectual e emocional, implica conhecimentos superiores aos exigidos. O crescimento rápido e a multiplicação do número de alunos, com a equipe de coordenação praticamente idêntica, sobrecarregam algumas pessoas que, por serem competentes, são cada vez mais solicitadas, o que torna seu trabalho mais superficial.

Algumas instituições usam material impresso combinado com o CD e a internet, como apoio à tutoria e à interação. Nelas, predominam os cursos baseados em conteúdos prontos, mas há também cursos em colaboração, com participação real e grupal na aprendizagem. O foco em projetos colaborativos também se desenvolve com rapidez e traz um dinamismo novo para a EAD. Outras escolas se apoiam em casos, em análise de situações concretas ou em jogos, o que lhes confere uma ligação grande com o mercado e com uma pedagogia participativa.

A EAD em rede está contribuindo para superar a imagem de individualismo, de que o aluno de EAD tem de ficar solitário, isolado em leituras e atividades distantes do mundo e dos outros. A internet traz a flexibilidade de acesso ao material, junto com a possibilidade de interação e participação; combina o melhor do *off-line* com o *on-line*, a possibilidade de conexão, de estar junto, de orientar, de tirar dúvidas, de trocar resultados. Nesses processos, é fundamental o papel do tutor na criação de laços afetivos. Os cursos bem-sucedidos, que têm menos evasão, dão muita ênfase ao atendimento do aluno, à criação desses vínculos afetivos.

Na educação a distância, prevalecem dois modelos, com algumas variações. O modelo com *teleaula*, para múltiplas turmas simultaneamente, combinado com atividades presenciais e *on-line*, é um modelo muito atraente, porque combina mobilidade com a tradição de aprender com o especialista. Principalmente para pessoas mais simples, ele assusta menos e induz a pensar que a educação a distância depende ainda da informação do professor. As atividades a distância, se benfeitas, conferem autonomia aos alunos e, se combinadas com atividades colaborativas, podem compor um conjunto de estratégias muito interessantes e dinâmicas. O problema está na massificação, na manutenção de tutores generalistas mal pagos e tutores *on-line* sobrecarregados, como vimos.

O segundo modelo a distância é via redes, mais conhecido como *educação on-line*, em que o aluno se conecta a uma plataforma virtual e lá encontra materiais, tutoria e colegas para aprender. O modelo *on-line* é confundido com o modelo assíncrono, em que cada aluno começa em um período diferente, estuda sozinho e tem pouca orientação, daí a dificuldade de compreendê-lo. Mas, hoje, há muitas opções diferentes de estudos *on-line* e caminhamos para esse modelo com muito mais opções audiovisuais, interativas, fáceis de acessar e gerenciar e a custos bastante baixos.

Temos os *cursos on-line assíncronos*, baseados em conteúdos prontos e algum grau de tutoria, em que os alunos se inscrevem a qualquer momento. Temos esse mesmo tipo de curso, com mais interação, em que os alunos participam de grupos e debates, como parte das estratégias de aprendizagem. Combinam-se atividades individuais e de grupo e há também orientação mais permanente.

Um outro tipo de *curso on-line tem períodos preestabelecidos*. Começa em datas previstas e vai até o final com a mesma turma, como acontece em muitos cursos presenciais atualmente. Dentro desse formato, há dois modelos básicos, com variações. Um é o modelo *centrado em conteúdos*, em que o importante é a compreensão de textos, a capacidade de selecionar, de comparar e de interpretar ideias e analisar situações. Esses conteúdos podem estar disponíveis no ambiente virtual do curso e também em textos impressos ou em CDs. Geralmente, há tutores para tirar dúvidas e alguma ferramenta de comunicação assíncrona, como o fórum. Há um segundo modelo, em que se combinam leituras, atividades de compreensão individuais, produção de textos individuais, discussões em grupo, pesquisas e projetos em grupo, produção de grupo e tutoria bastante intensa. Nos cursos *on-line* que começam em períodos certos, com tempos predeterminados, é mais fácil formar grupos, trabalhar com módulos.

O conteúdo dos cursos e as atividades, em parte, estão preparados, mas dependem muito da qualidade e integração do grupo, da colaboração.

O foco é mais em colaboração do que em leitura de textos. O importante nesse grupo são as discussões, o desenvolvimento de projetos e as atividades colaborativas. O curso, em parte, está pronto e, em parte, é construído por cada grupo.

Uma comunidade de aprendizagem *on-line* é muito mais que apenas um instrutor interagindo mais com alunos e alunos interagindo mais entre si. É, na verdade, a criação de um espaço no qual alunos e docentes podem se conectar como iguais em um processo de aprendizagem, em que podem se conectar como seres humanos. Logo, eles passam a se conhecer e a sentir que estão juntos em alguma coisa. Eles estão trabalhando com um fim comum, juntos (Pallof e Pratt 2002).

Uma variação desse modelo inclui encontros ao vivo, que podem ser para aulas expositivas ou para tirar dúvidas ou apresentar pesquisas. É um *on-line* mais semipresencial.

Os vários graus de presencialidade no on-line

Há cursos totalmente *on-line*, sem nenhum contato presencial nem virtual, em tempo real. Não no Brasil, por exigência do Ministério da Educação. Mas universidades norte-americanas e australianas, entre outras, oferecem esse tipo de curso.

Há aqueles com interação majoritariamente assíncrona e alguns encontros virtuais, para tirar dúvidas, manter vínculos. Em outros cursos, esses encontros virtuais assumem um caráter também de aula, além de orientação.

Há também cursos *on-line* com atividades presenciais previstas com alguma periodicidade (semanal, mensal, semestral), em locais próximos de onde mora o aluno (polos regionais), em que ele tira dúvidas, faz pesquisa, realiza atividades de laboratório com a supervisão do tutor e, depois, continua com as atividades *on-line*.

Há ainda cursos com aulas por satélite e atividades presenciais periódicas em locais predeterminados, combinadas com atividades *on-line* e com avaliação presencial.

E, finalmente, há cursos semipresenciais, com encontros periódicos nas escolas e universidades e o restante em atividades *on-line*, com todas as variáveis metodológicas dos cursos presenciais.

Modelos híbridos on-line

Os modelos híbridos *on-line*, que têm atividades síncronas e assíncronas, parecem mais adequados para estudantes iniciantes, em fase de formação; progressivamente, podem-se diminuir os tempos síncronos, conforme os alunos adquirem mais autonomia.

Os cursos mais individualizados e assíncronos, nos quais o aluno se inscreve quando acha conveniente e segue o ritmo que lhe parecer melhor (dentro de certos limites), são mais indicados para alunos adultos com bastante experiência profissional. O *on-line* atual mais assíncrono e personalizado é para pessoas mais maduras, com experiência, e que precisam de flexibilidade e têm motivação e autodisciplina. Como pessoas adultas e motivadas, estão acostumadas a enfrentar desafios e a gerenciar o tempo, qualidades indispensáveis para a educação *on-line* assíncrona.

Caminhamos para o *on-line* mais audiovisual, com uma plataforma que integre todos os recursos. O *on-line* mais colaborativo pode ajudar alunos que têm dificuldade de concentração, de gerenciamento do tempo, com a criação de grupos para pesquisa, atividades colaborativas e também com o acompanhamento de professores orientadores de aprendizagem. Se cada aluno tem seu orientador, sente-se mais seguro, por ter a quem recorrer. A combinação de atividades em grupo e de orientação personalizada é um dos caminhos para que realmente a educação *on-line* avance.

Em todos esses modelos, costuma haver polos locais ou algum tipo de apoio ao aluno distante, com diversos graus de infraestrutura. Em geral, ela é mais adequada nas universidades públicas, com apoio de prefeituras locais. Há instituições que não têm polos locais predeterminados e fazem atividades de avaliação na sede ou em locais designados *ad hoc*.

O MEC criou em 2005 a Universidade Aberta do Brasil (UAB). Não se trata de uma universidade tradicional, mas de uma coordenadoria de projetos de ensino superior, que são executados por universidades públicas, com polos locais instalados por prefeituras e com incentivo financeiro de empresas estatais e privadas. O candidato passa por um processo de tutoria ativa, em polos regionais. Isso, aliado ao uso da informática, permite o monitoramento do desempenho e do fluxo de atividades, facilitando a identificação de possíveis dificuldades. A UAB está desenvolvendo cursos de graduação em áreas onde há demanda, o que provocará, em poucos anos, um reequilíbrio maior entre a oferta das universidades públicas e privadas.

No Brasil, não temos cursos certificados totalmente *on-line*, por imposição do Ministério da Educação, que exige, no mínimo, avaliações feitas de modo presencial. Também os grupos estrangeiros têm dificuldade em se instalar plenamente, pela necessidade de as instituições que atuarem aqui terem capital nacional e reconhecimento no MEC. Se os cursos *on-line* de instituições estrangeiras tivessem uma aprovação mais fácil pelo MEC, teríamos uma competição muito mais forte do que a atual.

Mudanças que a EAD está provocando na educação presencial

Como avaliador de cursos superiores a distância do Ministério da Educação, tenho ouvido, repetidas vezes, testemunhos de professores e coordenadores sobre o impacto inesperado dos bons cursos de educação a distância nos cursos regulares presenciais. Na implantação da EAD, costuma haver, nas universidades, uma certa desconfiança inicial e até um distanciamento generalizado. Alguns professores, chamados para escrever textos, percebem que não basta serem especialistas em sua área; precisam aprender a escrever de forma coloquial para os alunos, a comunicar-se afetivamente com eles, a preparar atividades detalhadas. Mais tarde, convidados para gerenciar alguns módulos a distância ou para supervisionar as atividades de professores assistentes ou tutores, constatam que a organização de atividades a distância exige planejamento, dedicação, comunicação e avaliação bem executados, caso contrário, os alunos se desmotivam e desaparecem.

Esses mesmos professores, ao voltarem para as salas de aula presenciais, costumam ter uma sensação de estranhamento, de que no presencial falta algo, de que o planejamento é muito menos rigoroso, que as atividades em sala são muito menos previstas, que o material poderia ser mais adequado e que a avaliação é decidida, muitas vezes, ao sabor dos acontecimentos. Professores e alunos, ao terem acesso a bons materiais a distância, costumam trazê-los também para a sala de aula presencial e isso vem contribuindo para a diminuição da separação que ainda há entre os que fazem cursos a distância e os presenciais, nas universidades.

A EAD *on-line* nos mostra a importância do planejamento, da organização, da preparação de bons materiais, fáceis de compreender, de navegar, que facilitem imensamente o trabalho do aluno. A EAD nos mostra a importância do autodidatismo, da aprendizagem dirigida, pois o professor não precisa concentrar toda a sua energia em transmitir a informação, pode disponibilizar materiais para leitura individual e realização de atividades programadas, combinando o seu papel de informador com o de mediador e o de contextualizador. A EAD nos faz descobrir como é importante estarmos juntos e como, ao estarmos juntos, podemos resolver facilmente os problemas e as dúvidas. Isso facilita a criação de confiança, de laços afetivos.

A educação a distância *on-line* nos liberta do modelo de um professor para um grupo de alunos como o único possível. É um luxo ter um grande profissional somente para poucos alunos. O grande especialista, o professor brilhante pode ter hoje muito mais chances de mostrar o seu valor. Pode participar de cursos em que é o professor responsável, com aulas magistrais, que são completadas e atualizadas por professores assistentes em vários estados e grupos. Os grandes professores podem transformar-se em orientadores, em palestrantes, em coordenadores de atividades de muitos grupos.

A educação *on-line* de qualidade reafirma o princípio por demais conhecido de que o foco principal está mais na aprendizagem do que no ensino, e o faz concentrando toda a proposta pedagógica em que o aluno aprenda sozinho e em grupo, com leituras, pesquisas, projetos e outras atividades propostas de forma equilibrada, progressiva e bem dosada ao longo do curso.

Na EAD, na maior parte do tempo, o professor não "leciona", mas acompanha, gerencia, supervisiona, avalia o que está acontecendo. Seu papel de professor muda claramente: orienta, mais do que explica. Isso também pode acontecer na educação presencial, mas, até agora, desenvolvemos a cultura da centralidade do papel do professor como o falante, o que informa, o que dá as respostas. A EAD de qualidade nos mostra algumas formas de focar mais a aprendizagem do que o ensino.

Um bom curso a distância tem um equilíbrio entre atividades individuais e aprendizagem colaborativa, em grupos. Esse equilíbrio pode ser incorporado ao ensino presencial: os alunos podem desenvolver atividades sozinhos e em grupos, participando de projetos, pesquisas e outras atividades compartilhadas. Para isso, não precisam ir todos os dias para uma mesma sala, estar com professores em tempos e horários totalmente previsíveis. Alunos com acesso à internet em outros locais que não a universidade podem realizar atividades colaborativas sem estar juntos. Alunos com dificuldades de acesso encontrarão como conectar-se na própria universidade, em bibliotecas e laboratórios. Justifica-se, assim, uma maior flexibilidade de organização nos horários e tempos de sala de aula e nos outros tempos de aprendizagem supervisionada, sem necessariamente obrigar os alunos a estarem com o professor no mesmo tempo e lugar.

O *design* educacional de um curso a distância também pode ser adaptado, em determinados momentos, ao presencial. Algumas disciplinas mais básicas ou comuns a vários cursos podem ser colocadas na *web* depois de um bom planejamento do curso. Esse material, leve, atraente e comunicativo, pode servir de base para a informação necessária do aluno, que o acessa pessoalmente, antes de realizar algumas atividades. Essas disciplinas com material na *web* podem ser compartilhadas por mais de um professor ou tutor, quando são muitos os alunos. Isso permite que possam ser oferecidas quase integralmente a distância.

Muitas instituições estão colocando algumas disciplinas a distância em cursos presenciais como parte dos 20% possíveis. Em geral, as universidades começam por disciplinas de recuperação, como forma de atender aos alunos com mais dificuldades e evitar o inchaço de turmas. Depois, oferecem a distância disciplinas comuns a vários cursos, como metodologia de pesquisa, sociologia e outras. O importante é experimentar diversas soluções para diversos cursos. Todos estamos aprendendo.

Modelos educacionais para os próximos anos

A educação caminha, fundamentalmente, em duas direções diferentes, uma mais centrada na transmissão de informações e outra mais focada na aprendizagem e em projetos. Ambas terão muita interferência das tecnologias e formatos diferentes dos que conhecemos, principalmente no presencial.

Modelo 1: A multiplicação do ensino centrado no professor, na transmissão da informação, de conteúdo e na avaliação de conteúdos aprendidos

Esse modelo terá diversos formatos, tanto no ensino presencial como no ensino a distância:

- multiplicação de aulas de transmissão em tempo real (teleaulas), com acesso, às vezes, em uma telessala e, às vezes, em qualquer lugar onde estiverem os alunos; depois, haverá atividades de leitura, pesquisa, compreensão de textos, avaliação de conteúdo;
- aulas simultâneas para várias salas (vários *campi*), com um professor principal e professores assistentes, combinadas com atividades *on-line* em plataformas digitais;
- aulas gravadas e acessadas a qualquer tempo e de qualquer lugar pela internet ou pela TV digital, focando conteúdo, compreensão e avaliação dessa compreensão; os alunos poderão tirar dúvidas em determinados períodos da semana.

Os cursos presenciais se tornarão progressivamente semipresenciais. Exigirão alguns momentos de encontro físico, mais frequentes no primeiro ano do curso, diminuindo essa frequência posteriormente. O restante do tempo será dedicado a atividades de aprendizagem baseadas em leituras, compreensão de textos, solução de dúvidas e realização de processos de avaliação de compreensão de conteúdo.

Nos cursos a distância, haverá modelos pela TV digital ou plataformas multimídias *web*, com alguns momentos de aulas ao vivo ou gravadas, atividades de leitura, pesquisa, com orientação de professores e avaliação de compreensão de conteúdo. E teremos cursos totalmente prontos, disponibilizados ao ritmo de cada aluno, com uma mistura de materiais audiovisuais e impressos, combinados com tutoria *on-line*. Caminharemos para realizar avaliações *on-line*, sem a obrigatoriedade da presença física.

Modelo 2: O foco na aprendizagem, no aluno e na colaboração

Em instituições educacionais mais focadas no aluno e na aprendizagem do que no professor e na transmissão de informação, teremos alguns momentos de informação ao vivo ou gravada, mas predominarão a experimentação, o desenvolvimento de atividades individuais e grupais de aprendizagem teórico-prática, de projetos de pesquisa acadêmicos, de inserção no ambiente de trabalho, de intervenção e modificação de uma realidade social, de criação de contextos. Os professores orientarão mais do que ensinarão, acompanharão mais do que informarão. Organizarão, orientarão e avaliarão processos e "não darão aula", no sentido tradicional de foco na transmissão da informação. Esses cursos serão semipresenciais ou totalmente *on-line*. Teremos algumas escolas ou universidades mais inovadoras, que trabalharão sem disciplinas, por solução de problemas, por projetos transdisciplinares, sem um currículo totalmente predeterminado.

A maior parte das instituições fará um *mix* de conteúdo e pesquisa, de algumas aulas informativas e de orientação de pesquisa, um *mix* entre disciplinas e projetos interdisciplinares integrados.

A formatação desses modelos centrados no aluno e na aprendizagem incluirá o uso frequente de tecnologias conectadas, móveis e multimídia para grupos pequenos e grandes. Os modelos serão semipresenciais ou *on-line*, com muita ênfase no planejamento, desenvolvimento e avaliação de atividades de pesquisa, de projetos. As aulas presenciais servirão para planejar as etapas da pesquisa. Depois, acontecerá a pesquisa por meio de acompanhamento virtual e, ao final, os alunos voltarão ao presencial, para avaliação e organização de novas propostas de pesquisa, e assim sucessivamente.

Os cursos a distância desse modelo focado no aluno utilizam mais as ferramentas colaborativas, a pesquisa individual e grupal, a publicação compartilhada, o conceito de portfólio individual e grupal construído ao longo do processo.

Cada vez mais, haverá o uso de tecnologias de comunicação em tempo real. No primeiro modelo pedagógico, mais para ouvir o professor; no segundo, mais para interagir, orientar e colaborar.

Nos cursos a distância, teremos os que focam a transmissão via teleaula, com alguma interação para perguntas e dúvidas, e os que são oferecidos pela rede, com base em aulas gravadas ou ao vivo, com alguma interação para dúvidas. O modelo centrado na transmissão da informação tende a ser mais barato, a ganhar mais em escala, a ter um efeito multiplicador maior. Por isso, será adotado por mais instituições nos próximos anos, pela melhor relação custo-benefício e por reforçar os padrões já conhecidos de ensino. O segundo modelo, por precisar de mais orientação, é de mais qualidade, criativo e inovador; mas tende a ser mais caro, apesar de poder ser rentável em pequena e grande escala. Precisará, porém, de gestão muito atenta e criteriosa. As instituições que souberem aplicar bem esse modelo centrado no aluno e na colaboração terão um reconhecimento social muito maior e tenderão a crescer a médio e longo prazo.

Com esses dois modelos básicos, teremos inúmeras variações, modelos híbridos, que procurarão equilibrar transmissão de informação e colaboração, conteúdo e pesquisa, informação pronta e conhecimento construído. O que parece certo é que teremos cada vez menos aulas presenciais e mais compartilhamento virtual das experiências de aprender com alguém mais preparado (os professores) e de aprender juntos, em rede.

6
PARA ONDE CAMINHAMOS NA EDUCAÇÃO E COMO CHEGAR LÁ

Estamos caminhando rapidamente para uma sociedade muito diferente, que em parte vislumbramos, mas que ainda nos reserva inúmeras surpresas. Será uma sociedade conectada, com possibilidades de comunicação, interação e aprendizagem inimagináveis hoje. Os processos de educação serão profundamente diferentes dos atuais. Todas as sociedades educam, transmitem seus valores e tradições; como isso será feito daqui a 40 ou 50 anos, não sabemos claramente. Mas sabemos que a aprendizagem será a essência da nova sociedade: aprender a conhecer, a sentir, a comunicar-se, a equilibrar o individual e o social. Será uma sociedade de maior participação direta, que decidirá as principais questões sem tantos intermediários (haverá mais debates, consultas e referendos *on-line*). A informação estará disponível, as formas de aprender serão muito variadas e as formas de organizar o ensino também. Todos os alunos estarão conectados às redes digitais por celulares, computadores portáteis, TVs digitais interativas. Os mais pobres terão equipamentos mais simples, mas todos estarão conectados. E essa é uma realidade impensável hoje, mas que rapidamente está se tornando viável. As cidades e as escolas se conectarão, os alunos terão acesso individual e grupal às redes digitais, dentro e fora da escola. Todas as salas de aula estarão conectadas, abertas para o mundo, serão salas de pesquisa, de publicação, de debates presenciais e virtuais, de avaliação.

As tecnologias evoluem muito mais rapidamente do que a cultura. A cultura implica padrões, repetição, consolidação. A cultura educacional também. As tecnologias permitem mudanças profundas, que praticamente permanecem inexploradas, em virtude da inércia da cultura tradicional, do medo, dos valores consolidados. Por isso, sempre haverá um distanciamento entre as possibilidades e a realidade. O ser humano avança com inúmeras contradições, muito mais devagar que os costumes, hábitos, valores. Intelectualmente, também avançamos muito mais do que na prática. Há sempre um distanciamento grande entre o desejo e a ação. Apesar de tudo, está-se construindo uma outra sociedade, que, em uma ou duas décadas, será muito diferente da que vivemos.

Toda sociedade será uma sociedade que aprende de inúmeras formas, em tempo real, com vastíssimo material audiovisual disponível. A aprendizagem será mais tutorial, de apoio, ajuda. Será uma aprendizagem entre pares, entre colegas e entre mestres e discípulos conectados em rede, trocando informações, experiências, vivências. Aprenderemos em qualquer lugar, a qualquer hora, com tecnologias móveis poderosas, instantâneas, integradas, acessíveis. Não precisaremos ir a lugares específicos o tempo todo. Iremos para alguns contatos iniciais e para a avaliação final. O restante do tempo, estaremos conectados audiovisual e interativamente, quando quisermos, com quem quisermos. Haverá formas de acelerar o acesso à informação (implantes e outros recursos que a nanotecnologia promete). Haverá máquinas inteligentes, em muitos aspectos mais inteligentes que os seres humanos. Por isso, é impossível antecipar a educação do futuro, mas podemos apontar alguns caminhos, que nos ajudarão a mudar radicalmente o panorama atual, tão conservador e massificado.

Estamos caminhando para uma aproximação sem precedentes entre os cursos presenciais (cada vez mais semipresenciais) e os cursos a distância ou *on-line*, que combinará o melhor do presencial (quando possível) com as facilidades do virtual. *Em poucos anos, dificilmente teremos um curso totalmente presencial.* Por isso, caminhamos para fórmulas diferentes de organização dos processos de ensino-aprendizagem. Caminhamos rapidamente para a flexibilização progressiva e acentuada de cursos, tempos, espaços, gerenciamento, interação, metodologias, tecnologias e avaliação. Isso nos obriga a experimentar pessoal e institucionalmente novos modelos e novas soluções para cada situação.

Com a educação *on-line*, com o avanço da banda larga na internet, com a TV digital e o celular de quarta geração, *teremos todas as possibilidades de cursos*: dos totalmente prontos oferecidos por mídias audiovisuais até os construídos ao vivo, com forte interação grupal e pouca previsibilidade. Realizaremos alguns cursos totalmente individualizados e outros baseados em colaboração. Teremos cursos totalmente *on-line* e outros parcialmente *on-line*. Só não encontraremos os modelos convencionais. Muitas pessoas aprenderão com outras e só se submeterão a algum tipo de validação final de aprendizagem para fins de certificação.

Estamos caminhando para um conjunto de situações de educação *on-line* plenamente audiovisuais. Caminhamos para processos de comunicação audiovisual, com forte interação do melhor que conhecemos da televisão (qualidade da imagem, som, imagens ao vivo) com o melhor da internet (acesso a bancos de dados, pesquisa individual e grupal, desenvolvimento de projetos em conjunto, apresentação de resultados) e do celular (mobilidade). Tudo isso exige uma pedagogia muito mais flexível, integradora e experimental.

Podemos pensar em *cursos cada vez mais personalizados, mais adaptados a cada aluno ou grupo de alunos*. Cursos com materiais audiovisuais e atividades bem planejados e produzidos e que, depois, são oferecidos no ritmo de cada aluno, sob a supervisão de um professor orientador ou de uma pequena equipe, que coloca esse aluno em contato com grupos em estágios semelhantes. Os professores podem agir como hoje fazem os orientadores de pós-graduação. Dão poucas aulas presenciais e virtuais. Acompanham os projetos pedagógicos dos alunos individualmente e também em grupo e os supervisionam e gerenciam, para que obtenham os melhores resultados. Os professores mapeiam a pesquisa, os projetos. Marcam algumas reuniões presenciais e virtuais. Integram esses projetos com os de outros colegas. O currículo é muito mais livre, escolhido de comum acordo entre alunos, professores e instituição. Há alguns momentos comuns presenciais e/ou virtuais (totalmente audiovisuais e interativos), mas, na maior parte do tempo, o processo é virtual e em tempos diferenciados.

Em poucas décadas, os modelos atuais de ensinar e aprender comporão um capítulo específico da história da educação e, mais adiante, da pré-história dela. Nossos prédios e a organização em salas de aula, de acesso diário, em tempos fixos e com atividades iguais para todos serão considerados modelos totalmente antipedagógicos e antieconômicos, e analisados como a organização possível numa sociedade industrial do passado, já totalmente superada e esquecida.

As escolas ainda se sentem fortemente pressionadas pelas expectativas tradicionais das famílias, pela pressão do acesso às melhores universidades, pelo cipoal de normas das várias instâncias administrativas, pela força da cultura educacional convencional. Mesmo os colégios mais avançados tecnologicamente continuam apegados às aulas com transmissão de conteúdo, fragmentadas em disciplinas, com presença obrigatória e pouca flexibilidade e inovação. Os grandes portais de serviços educacionais virtuais e franquias, no essencial, massificam fórmulas, materiais didáticos e atividades. O virtual, até agora, é um complemento – só – do presencial, este é o que realmente conta e continua acontecendo da mesma forma.

Sabemos que os problemas principais não são os tecnológicos, mas os decorrentes da brutal desigualdade de acesso à educação, de oportunidades, de condições. Mesmo com essa desigualdade, a escola – como a sociedade, em geral – enfrenta mudanças estruturais profundas e terá uma configuração muito diferente da que conhecemos.

Com o apoio das tecnologias, os pilares de uma educação inovadora se apoiam em um conjunto de propostas com alguns grandes eixos, que lhe servem de guia e de base: conhecimento integrador e inovador; desenvolvimento da autoestima e do autoconhecimento (valorização de todos); formação de alunos empreendedores (criativos, com iniciativa); construção de alunos cidadãos (com valores individuais e sociais). São pilares que poderão tornar o processo de ensino-aprendizagem muito mais flexível, integrado, empreendedor e inovador. Podemos, apesar das inúmeras contradições, modelos e situações diferentes, apontar algumas tendências na educação básica, que parecem mais fortes e convergentes.

Aos poucos, a escola se tornará mais flexível, aberta e inovadora. Será mais criativa e menos cheia de imposições e obrigações. Diminuirá sensivelmente a obrigação de todos terem de aprender as mesmas coisas, no mesmo espaço, ao mesmo tempo e da mesma forma.

Aprendizagem ativa e variada

As competências básicas serão cada vez mais as de saber escolher, avaliar as informações importantes para cada etapa da aprendizagem, as de relacionar tudo, de pôr em prática o compreendido teoricamente e organizar sínteses baseadas em práticas individuais e grupais. Outras competências necessárias serão as de saber conviver presencial e virtualmente, interagir afetiva e eticamente com colegas nas mais diferentes situações. A aprendizagem terá um componente muito mais lúdico, prático, de intervenção em situações próximas e distantes, e envolverá a sociedade toda no ensino e não só os profissionais da área. Toda a sociedade será educadora, um grande espaço de apoio e interação para aprender tanto prática como teoricamente.

Caminhamos para que a maioria das escolas e dos alunos tenha acesso às tecnologias e redes digitais, com recursos de diferentes graus de sofisticação. Isso pode parecer miragem hoje, mas é uma tendência ineludível.

Se temos materiais interessantes em todos os formatos – vídeo, TV, DVD, internet – por que temos de pedir ao professor que transmita esses mesmos conteúdos na sala de aula de viva voz? Por que não disponibilizamos a informação para os alunos e ocupamos o professor na organização e no gerenciamento dos processos de compreensão desse conteúdo, de interação com a realidade do aluno, de solução de dúvidas? Os grandes temas de cada área de conhecimento podem estar pré-gravados. Os alunos podem assistir a eles coletiva ou individualmente. Coletivamente, em salas de aula. Individualmente, em casa, na biblioteca física ou virtual.

O foco da aprendizagem se direcionará para a pesquisa, para o desenvolvimento de projetos e não predominantemente para a transmissão de conteúdos específicos. A interação com os alunos será parcialmente presencial e cada vez mais virtual. Cada aluno terá um professor tutor (ou mais) desde o começo, que o orientará (presencial e virtualmente) nas escolhas dos temas e caminhos mais importantes.

O papel do Estado é disponibilizar para todos os melhores materiais – públicos e da iniciativa privada –, as melhores metodologias, as melhores experiências, em todos os níveis de ensino. As escolas escolhem os conteúdos mais pertinentes a cada etapa e os trabalham de acordo com a sua realidade, o seu ritmo, as suas possibilidades. Não se trata de uniformizar conteúdos, de assistirmos todos a um mesmo DVD, mas de aproveitar os recursos multimídia e de comunicação que só os grandes grupos e o Estado podem disponibilizar. A escola organiza seus projetos de pesquisa e, na fase de acesso à informação, já encontra o material desejado. O material não é para consumo imediato, mas para integração em projetos, em atividades grupais e individuais, de acordo com o momento e a necessidade de cada classe. O professor continua sendo importante, não como informador nem como papagaio repetidor de informações prontas, mas como mediador, como organizador de processos. Ele é um articulador de aprendizagens ativas, um conselheiro de pessoas diferentes, um avaliador de resultados. Seu papel é mais nobre, menos repetitivo e mais criativo do que na escola convencional.

Currículos flexíveis e personalizados

Os currículos serão muito mais flexíveis e personalizados. Teremos, em geral, menos disciplinas obrigatórias e alguns eixos temáticos principais, sem um modelo único, imposto da mesma forma e simultaneamente para todos. Algumas áreas serão privilegiadas – como saber ler, interpretar, escrever, contar, raciocinar – e, depois, oferecidas alternativas diferentes de avançar na formação. Haverá atividades individuais e atividades colaborativas, em que os alunos pesquisem e desenvolvam projetos em grupo e aprendam pela interação, pela participação e pela produção conjunta. Os alunos terão mais liberdade para a escolha de atividades artísticas, cuja importância será muito maior do que hoje. Cada aluno irá construindo um percurso em grande parte comum, mas adaptado a si mesmo, personalizado, em diálogo permanente com o professor orientador. Muitos alunos estudarão em casa, conectados, e só participarão de alguns processos de avaliação externa para certificação.

A *educação escolar será muito mais voltada para a prática, a pesquisa, os projetos, as atividades integradas semipresenciais.* Haverá menos ênfase no conteúdo; a educação será mais rápida (módulos mais curtos), não organizada em disciplinas e sim em grandes temas e questões, com abordagem cada vez mais interdisciplinar e complexa. Focará mais o desenvolvimento de projetos, de pesquisas, jogos, de aprender junto e também individualmente.

As escolas estarão conectadas a grandes portais nacionais públicos e privados com todos os conteúdos principais disponíveis para o acesso grupal e individual, quando for conveniente, de acordo com o projeto pedagógico de cada escola, adaptado a cada grupo e aluno. O conteúdo das principais matérias estará gravado por grandes especialistas e com recursos avançados de comunicação (material continuamente atualizado). Haverá algumas aulas de informação, que poderão ser ao vivo ou baseadas em material pronto, aulas locais ou em muitos lugares simultaneamente. Os professores criarão atividades para trabalhar colaborativamente, antes e depois dessas aulas informativas básicas, e ajudarão a esclarecer as dúvidas. Será possível tirar dúvidas com especialistas e orientadores, que ficarão à disposição, presencial e/ou virtualmente, em determinados momentos.

As aulas serão predominantemente colaborativas, com turmas não muito grandes, com cada vez mais atividades virtuais, em que se interage por texto, imagem e som, com atividades *on-line* – em tempo real – e outras, em que os alunos poderão escolher quando e como acessar e realizar. O modelo de um professor por disciplina para turmas de 40 alunos será substituído por outros modelos, muito mais flexíveis espaçotemporalmente. Só deverá continuar o modelo atual de um professor para uma turma nos primeiros anos de socialização, de alfabetização. A aprendizagem será organizada progressivamente em diferentes espaços e tempos. Os alunos permanecerão uma parte do tempo na escola, mas não necessariamente na mesma sala. Farão visitas, trabalhos em grupo virtuais e presenciais, pesquisas individuais e em grupo. À medida que forem crescendo, mais horas de atividades virtuais terão. A escola será menos presencial e mais próxima de vários espaços – do bairro, da cidade – e de várias comunidades virtuais, de acordo com a idade e com os interesses específicos dos grupos e das competências desenvolvidas. Haverá também integração maior com comunidades virtuais, dentro e fora do país, em projetos comuns. Os alunos continuarão fisicamente presentes, aprendendo a conviver fisicamente, mas também virtualmente.

Escolas com identidades próximas, como, por exemplo, colégios de uma ou várias congregações religiosas, utilizarão os melhores recursos humanos e tecnológicos para otimizar custos, sinergia, mobilidade. Compartilharão ambientes virtuais multimídia e comunicação digital audiovisual interativa, bases de dados, aulas prontas e aulas ao vivo, em determinados momentos de forma mais intensa. Haverá parcerias nacionais e internacionais frequentes para certificações específicas, por exemplo, em línguas, mas também em artes, história, até graus de intercâmbio mais amplos (validade de um diploma em mais de um país etc.).

As aulas com grandes especialistas e comunicadores, com tutores *on-line* e presenciais, serão fundamentais para a melhoria da escola pública, principalmente de periferia, onde esses profissionais nunca chegariam de outra forma. Com a TV digital e a internet móvel de alta velocidade, todas as escolas poderão ter os melhores professores a seu dispor, combinados com atividades tutoriais semipresenciais. A escola da era industrial – todos os alunos na mesma turma, no mesmo lugar, ao mesmo tempo, fazendo a mesma atividade, sendo avaliados da mesma forma – irá dando o lugar, aos poucos, a modelos flexíveis, que valorizem o melhor da presença e o melhor do virtual, o melhor do local, do nacional e do internacional.

Há mudanças que as instituições educacionais podem realizar no curto prazo (dependendo da situação em que se encontrem), como investimento em infraestrutura de acesso a redes e laboratórios. É fundamental a ampliação de laboratórios conectados à internet, com número de computadores adequado tanto para acesso dos alunos como para utilização em aulas. A escola pode estar totalmente conectada, sem fio, em todas as dependências e espaços. Hoje, uma instituição precisa ter um bom *campus* virtual, um conjunto de soluções que permitam a integração do administrativo e do pedagógico.

Cada vez mais, torna-se importante ter um grande portal da educação básica e outro da superior. Com aulas, atividades, material multimídia, bibliotecas, *softwares* educacionais, soluções tecnológicas de livre acesso, grandes temas de aula gravados com todos os recursos e os melhores especialistas, com sugestão de atividades. Produzir e divulgar material multimídia de grande impacto, de grande poder de sedução e que não traga as informações todas prontas, organizadas, mas que provoque, incentive a pesquisa, problematize.

Do ponto de vista tecnológico, se estamos em um lugar fixo, poderemos conectar-nos por meio de telas de LCD, de alta definição, com pessoas em lugares diferentes, e recriar uma sala de encontros com todos os equipamentos e funcionalidades necessárias para a interação e aprendizagem. Abrem-se telas menores, com cada um dos participantes, que podem ser maximizadas na hora precisa. O professor tem a possibilidade de organizar a participação, de moderá-la, de interferir, de destacar, de sintetizar. Pode superpor sua voz à apresentação de um vídeo, mostrar resumos de temas, elaborar uma síntese na hora ou solicitar a um aluno que o faça. A comunicação será feita pela mídia que cada um achar mais conveniente: uns falam, outros também escrevem as principais ideias e as projetam como legendas em um televisor de tela plana. A aula está sendo gravada e fica disponível para futuras consultas ou para o acesso de alunos que não puderam fazê-lo no horário *on-line*.

Qualquer aluno conectado pode desenvolver atividades sozinho ou em grupo, participar de debates, de pesquisas, de projetos com inúmeras opções de bibliotecas digitais, bancos de casos, jogos para cada tipo de atividade, filmes ligados à temática, discussões já travadas sobre o assunto. A combinação de temas, estratégias e mídias será múltipla, dependendo mais da oportunidade, da conveniência, do que de custos e limitações, como as de hoje.

Desde pequenos, os alunos se acostumarão a aprender em um ambiente multimídia, com múltiplas possibilidades de escolha, de bases de dados animadas, de jogos, de filmes, de simulações, de pequenas aulas já gravadas sobre o tema e que servem como iniciação, motivação, ilustração. Mesmo as crianças estando juntas numa escola, mudará totalmente a forma de aprender. O professor dará o roteiro de cada etapa de aprendizagem, com uma introdução motivadora sobre um novo tema. Os alunos acessam material sobre o tema, pesquisam por sua conta outras possibilidades. Trazem resultados em sínteses multimídias. Algumas são apresentadas e debatidas. O professor dá algum tempo para pesquisas em grupos presenciais ou com alunos a distância, mas que são vistos e ouvidos na tela. Com fones de ouvido e microfones sensíveis, podem, na mesma sala, acontecer conversas simultâneas com pessoas diferentes. Os pequenos combinarão atividades socializadoras sem tecnologias, nessa etapa de vida, para aprender a conviver, a estar juntos, mas as tecnologias modificarão profundamente a forma de aprender. A aula expositiva, falada e unidirecional será uma exceção.

Serão implantadas, em convênio com as secretarias estaduais de educação, antenas digitais e conexões de banda larga em escolas, secretarias e universidades, para recepção de canais digitais e para teleconferências nacionais e regionais. Os professores terão acesso a programas de atualização sem deslocamentos, sem sair da escola. Será uma forma de acelerar a capacitação de diferentes segmentos. A medicina já vem fazendo isso há anos, interligando por TV os hospitais e as escolas de medicina. Mas já temos soluções mais avançadas, que combinam transmissão com alguma interação ao vivo. Esse sistema permitirá o envio de material digital sobre qualquer assunto e a flexibilização do uso didático: haverá momentos em que todo o país assiste a um evento; em outros, só uma determinada área: matemática, e, mais especificamente, professores de matemática na educação infantil, por exemplo.

As instituições superiores precisam estar atentas, porque as mudanças que vêm por aí são muito profundas. Embora sempre haja uma margem de imprevisibilidade e erro nas previsões, algumas tendências parece que se consolidarão:

- concentração das instituições em redes ou grupos poderosos, em grandes blocos, fruto de parcerias, consórcios de alcance nacional e internacional; prevalência das universidades com grande prestígio intelectual e gerencial e capacidade de inovar, que dominarão o mercado pela diversidade da oferta, pelos bons profissionais, boa infraestrutura e custo competitivo;

- infraestrutura avançada de comunicação instantânea, nos modos audiovisual e textual, com alunos e professores em qualquer momento e lugar; produção multimídia de aulas e atividades adaptadas a cada tipo de curso, de demanda, com formatos bem diferentes; universidades como grandes centros de organização de múltiplos e variados processos de aprendizagem: cursos prontos com alguma interação (roteiros previsíveis de aprendizagem) e cursos com roteiros pouco previsíveis, abertos, na base de jogos, seminários de alta interação, com produção contínua;
- capacidade de gestão de diferentes cursos, de atrair alunos, de manter equipes integradas com educadores abertos e produtores audiovisuais; instituições menores do que hoje, com menos ocupação de espaço, e muitas totalmente virtuais;
- capacitação contínua dos professores e gestores na organização da aprendizagem multissensorial, multimídia, multiconectada.

Gerenciamento inovador

Uma escola ativa foca em pesquisa, projetos, experimentação, criação, já tem tudo pronto para acontecer. Não depende só de alta tecnologia, mas de pessoas criativas e de projetos pedagógicos institucionais bem gerenciados. O problema é de gestão inovadora. Bons gestores são fundamentais para dinamizar a escola, para buscar caminhos, para motivar todos os envolvidos. Não se formam gestores e professores inovadores com oficinas e cursos de formação tradicionais. A escola precisa urgentemente de difusão de modelos viáveis de sucesso, de práticas inovadoras simples, acessíveis, adequadas para a situação em que ela está.

Será cada vez mais importante o papel dos gestores e dos dirigentes como animadores, pessoas de visão, dinamizadoras das relações entre professores, alunos e comunidade. Todos os envolvidos com educação são gestores. O professor também é gestor de pessoas, é representante institucional.

É necessário investir urgentemente em gestores jovens e motivados, que estejam prontos para mudar, inovar, avançar com rapidez e firmeza, apoiados em professores com as mesmas características e a mesma disposição. Essa capacitação contínua pode acontecer mediante grandes acordos nacionais entre o setor público e o privado, entre o federal, o estadual e o municipal. Não podemos perder mais tempo. A educação é um direito básico e não deve ter coloração partidária. Os países que avançam mais na educação não mudam suas políticas a cada governo, podem mudar pessoas, mas não diretrizes fundamentais.

No caminho da sociedade educadora

Toda a sociedade estará mais envolvida na educação, todas as instituições serão educadoras e contribuirão mais diretamente para a educação escolar. A integração entre família, escola, organizações sociais, cidades físicas e digitais será muito maior. Todas as cidades estarão conectadas digitalmente, todos os serviços integrados, com muitas ofertas educativas disponíveis, com graus diferentes de orientação, organização, estruturação.

Estado, empresas e universidades estarão muito mais integrados. O aluno aprenderá, desde o começo de qualquer curso, em situações reais, combinando experimentação, leitura, atividades individuais e grupais, com supervisão de professores *on-line*. Desde o primeiro momento, haverá integração entre a prática e a reflexão teórica. Poderão acontecer algumas aulas presenciais ou *on-line*, mas, na maior parte do tempo, os alunos estarão mais conectados do que presentes fisicamente. Será impensável manter os universitários enclausurados em salas de aula por anos seguidos.

Teremos experiências mais ousadas, que quebrarão o modelo disciplinar, como hoje fazem as chamadas escolas democráticas. Muitas escolas trabalharão com projetos integrados ou baseados em problemas reais, pesquisando-os em grupo, refletindo sobre eles, buscando soluções e implementando-as até onde for possível, mais no formato semipresencial ou *on-line* do que no presencial.

Será muito mais comum o aproveitamento da experiência concreta como aprendizagem acadêmica. Um aluno poderá fazer de um trabalho o seu projeto de curso desde o começo, como se fosse um trabalho de conclusão de curso permanente. Haverá cursos *in company* com mais frequência, com currículo adaptado à experiência vivida e às necessidades do grupo. Teremos alguns princípios e padrões gerais, para que alguns títulos de saúde, de engenharias etc. possam ser aceitos em outros países. Mas a ideia de um currículo único, com conteúdos iguais para todos, parecerá anacrônica. Existirá, provavelmente, a certificação periódica, o exame de competências a cada período determinado. Mas a preparação não será puramente teórica. Teremos muitos cursos preparatórios para essas certificações periódicas. A necessidade de educação ao longo da vida será sentida por todos, em todas as áreas, e haverá agências certificadoras diferentes, não só o Ministério da Educação ou uma agência para cada área, como acontece hoje no Brasil.

A educação profissional será cada vez mais valorizada, com a oferta de cursos de curta duração, de atualização, de inserção rápida no mercado, cursos de nível técnico e tecnológico, mais práticos e flexíveis. Aprenderemos fazendo, em situações reais, interagindo com quem sabe mais, passando por diversas etapas de aprendizagem: do estágio inicial para o domínio básico, o domínio avançado e o de expertos.

Teremos todo tipo de instituições, as inovadoras e as conservadoras, as ágeis e as lentas. Algumas tentarão permanecer no modelo do passado e serão vistas, daqui a vários anos, como saudosistas, como hoje vemos algumas igrejas celebrando missa em latim, o que era normal até a década de 1960 e hoje é exceção.

O educador dos próximos anos

Vejo o educador do futuro como alguém que poderá estar vinculado a uma instituição predominantemente, mas não exclusivamente. Ele participará de inúmeros momentos de cursos de outras organizações, de orientação de pesquisas em diferentes lugares e níveis. Desde qualquer lugar, poderá conectar-se com seus alunos, vê-los e falar com eles. Haverá programas para facilitar a gestão de grupos grandes e de grupos menores a distância. As conexões serão sem fio. O professor poderá entrar em contato com seus alunos durante uma viagem de avião, da praia ou de outro país. Ele será multitarefa, orientará muitos grupos de alunos, dará consultoria a empresas, treinamento e capacitações *on-line*, alternando esses momentos com aulas, orientações de grupos, desenvolvimento de pesquisas com colegas de outras instituições. A ciência será cada vez mais compartilhada e desterritorializada. Os pesquisadores não precisam morar perto, o importante é que saibam trabalhar juntos virtualmente, que saibam cooperar a distância, que tenham espírito cooperativo mais do que competitivo. Em determinadas áreas do conhecimento, como em exatas ou biológicas, em que os projetos dependam de experimentação física, laboratorial, haverá mais necessidade de contato do que em outras áreas, como humanas, em que a flexibilidade espaçotemporal será maior.

O educador está começando a aprender a trabalhar em situações muito diferentes: com poucos ou muitos alunos, com mais ou menos encontros presenciais, com um processo personalizado (professor autor e gestor) ou mais despersonalizado (separação entre o autor e o gestor de aprendizagem). Quanto mais situações diferentes experimente, mais bem preparado estará para vivenciar diferentes papéis, metodologias, projetos pedagógicos, muitos ainda em fase de experimentação.

Aulas daqui a dez anos

A primeira aula é presencial: o professor faz sua apresentação e o mesmo é feito por cada aluno, com detalhes dos *hobbies*, das atividades, das perspectivas pessoais. O professor mostra para os alunos a importância do curso, a forma de trabalhar a distância, mas conectados audiovisualmente. Apresenta o plano do curso, explica as atividades principais, organiza atividades de pesquisa, abre a discussão para dúvidas e sugestões. Os alunos fazem algumas simulações do ambiente virtual, para nivelar o conhecimento tecnológico de todos, para facilitar o uso das ferramentas a distância, daquele momento em diante. Uma câmara grava o que acontece na sala de aula e fica automaticamente disponível para quem queira assistir à gravação depois ou para quem não pôde comparecer ou ficar até o final.

A primeira atividade a distância é cada aluno gravar um pequeno vídeo de apresentação e colocá-lo na rede, no tópico perfil do aluno. Assim, cada colega pode checar quem é aquele que fez um comentário interessante ou estranho.

Os alunos têm o planejamento do curso na internet por escrito, com um pequeno vídeo explicativo do professor sobre as primeiras atividades da semana. Nessa primeira semana, além do preenchimento do perfil, cada aluno faz um levantamento dos vídeos, reportagens, textos sobre o primeiro tema do curso: experiências inovadoras no ensino superior. Depois de pesquisar bastante, Pedro vê que sua colega Cristina está conectada e lhe pergunta se podem se encontrar. Cristina lhe pede para ir à sala 1 do *videochat* e comentam os filmes de experiências pedagógicas que encontraram. Assistem aos vídeos, comentam os pontos interessantes de cada um e escolhem um para mostrar e comentar na classe. Gravam uma introdução ao vídeo selecionado e escrevem um texto destacando os pontos inovadores da experiência que o vídeo mostra. Disponibilizam a atividade no lugar da internet reservado para a atividade 1 e guardam uma cópia no portfólio ou na biblioteca pessoal de cada um.

No dia seguinte, Pedro viaja de carro para o interior, a serviço, e somente acha tempo para conectar-se ao curso no fim da manhã. Liga o iPhone e se conecta sem fio com o ambiente virtual do curso. Vê que tem vários vídeos de colegas com projetos a que pode assistir quando quiser. Como está com pressa, só dá uma olhada rápida e percebe que aparece uma mensagem gravada do professor: "Leiam, por gentileza, o texto 1 que está no módulo 1, no tópico material do curso. É sobre as mudanças que as tecnologias trouxeram para o ensino superior. Comentem no fórum quais foram essas mudanças". Pedro envia, do celular com imagem, uma rápida mensagem para Cristina: "Cris, estou viajando. Dê uma olhada nos vídeos e no texto que o professor indicou. Hoje, estou sem tempo. Amanhã de manhã, conversamos sobre o assunto". O professor marca alguns horários de atendimento, para grupos e para a classe em conjunto. Encontram-se a distância, num ambiente bem fácil de conversar. Cada aluno liga sua câmera, no lugar onde se encontra. Aparece sua imagem reduzida na tela. O professor saúda os alunos, faz breves comentários. A síntese aparece numa tela. Pergunta quem tem alguma dúvida. Várias pessoas se inscrevem. Ele vai dando vez a cada um. Alguns colocam as questões de viva voz; outros, por escrito. O *chat* vai sendo gravado, com imagem, som e texto, e é disponibilizado depois, para quem quiser.

Além dessa primeira atividade, a agenda do curso prevê também uma pesquisa, em listas de discussão de educação superior, sobre novas questões que as tecnologias trazem para o ensino. Os alunos se inscrevem em uma lista, levantam como o tema vem sendo discutido em mensagens gravadas de texto e de áudio e elaboram um relato sobre as principais questões. Esse relato fica disponível no portfólio ou na biblioteca virtual de cada aluno, no formato texto e áudio, para acesso pelo professor e pelos colegas do curso.

O professor marca um *videochat* de atendimento de uma hora, em dois horários diferentes da semana, para que todos possam ter oportunidade de participar e para evitar a aglomeração de alunos no mesmo momento. Neles, os alunos se conectam de onde estão pela internet, pelo celular, pela tela da televisão e veem o professor; ele também vê os alunos. Alguns enviam as perguntas por escrito; outros, ao vivo. O professor dispõe de comandos que lhe permitem escolher a mensagem que quer priorizar. Se um aluno demora na pergunta, envia-lhe um sinal. Se demora demais na resposta, pode interrompê-lo. Educadores e alunos podem estar conectados de casa, do trabalho ou viajando, pois usam conexão sem fio (*wireless*). O professor orienta também os grupos de pesquisa. Termina o *videochat*. Desfaz-se a conexão. O professor, se quiser, coloca o vídeo como arquivo para consulta, para que os participantes o acessem depois, com mais calma. Pode pedir a um assistente ou monitor que edite o material, retire a parte mais social da conversa e deixe só o que interessa a todos do ponto de vista pedagógico.

O professor entra agora em um curso de pós-graduação e acompanha as atividades que os alunos enviaram no gerenciador de tarefas. Corrige algumas e deixa outras para mais tarde, porque tem de se preparar para uma teleaula em rede nacional, que vai atingir milhares de alunos simultaneamente. Revisa o roteiro, preparado por ele e pela equipe pedagógica e de produção. Vai para o estúdio de TV, testa os equipamentos, o microfone, as transparências eletrônicas, as vinhetas, os vídeos. Os alunos o aguardam em telessalas, com 50 alunos em média, com telão, projetor multimídia, uma câmera local que registra o que acontece e é vista pelo professor remotamente. Em cada telessala, há um tutor, um auxiliar que já recebeu o roteiro da aula, as instruções sobre as atividades que os alunos realizam durante o aquecimento para a aula, as que acontecerão em determinados momentos ao longo da aula e as que serão realizadas posteriormente, para aprofundar conceitos, fazer pesquisas mais organizadas, chegar a conclusões. Quem não pode ir a uma telessala acessa a aula de onde se encontrar.

O professor observa os alunos fazendo as atividades iniciais localmente, pelos monitores remotos. Há alguns auxiliares, numa sala ao lado do estúdio, separada por vidro à prova de som. Ele vai até lá. Os professores assistentes dão orientações aos tutores, tiram as primeiras dúvidas, encaminham algumas questões para o professor principal. Este escolhe algumas e vai para o estúdio iniciar a teleaula ao vivo. Alguns alunos não conseguiram ir naquele momento até a telessala e se conectam por uma antena direta com a telessala ou pelo canal de internet de onde estão. O professor começa a aula comentando algumas questões que recebeu de algumas telessalas, dirige-se a todos com familiaridade, brinca com algumas cidades, alguns tutores de sala mais conhecidos. Faz a passagem para o tema do dia. Após uma introdução, passa um trecho de filme que tem a ver com o tema. Comenta as cenas. Explica alguns conceitos, com apoio de PowerPoint animado. Faz uma pergunta com várias alternativas, para que os alunos escolham a correta. O professor recebe no seu vídeo a porcentagem de acertos e erros instantaneamente. Se percebe que o conceito não ficou claro, esclarece melhor o ponto anterior. Se a compreensão foi boa, segue adiante. Pede que os alunos realizem uma atividade de aplicação daquele conceito à realidade deles. Os alunos têm 15 minutos para elaborar a resposta e enviar para sua área respectiva na internet. O professor e os assistentes acompanham o andamento da discussão, conversam com os tutores locais sobre a atividade, escolhem algumas respostas para comentá-las a seguir. O professor pede, em seguida, que o teleposto de Garanhuns, em Pernambuco, explique sua resposta e a confronta com a de Vacaria, no Rio Grande do Sul. Explica as coincidências e divergências e os porquês, e continua com a segunda parte da aula, com uma explicação e um estudo de caso, que será debatido localmente, depois de uma parada para um descanso de 15 minutos.

Os assistentes, no meio-tempo, vão recebendo comentários, sugestões, perguntas de cada telessala. Respondem algumas, encaminham outras para o professor principal. Há muitas mensagens com elogios ao interesse que a aula está despertando em várias cidades. Alguns pedem que haja mais tempo para os debates, porque o ritmo está muito acelerado. Os alunos têm um controle remoto, com uma série de funções. Depois do descanso, trabalham o caso em pequenos grupos, por 30 minutos, analisando-o e comparando-o com sua realidade. O professor acompanha o que acontece nas telessalas, conversa com alguma em particular, se vê que esta precisa de maior atenção; os assistentes fazem o mesmo com outras.

Retoma a aula, com o relato de três ou quatro telepostos diferentes dos anteriores. Comenta, avança no tema e faz uma rápida avaliação de compreensão de conceitos no fim, ao vivo. Pelas respostas, constata se deve retomar o tema ou pode avançar para o seguinte na próxima aula ao vivo, na semana posterior. Enquanto isso, alguns textos serão lidos pelos alunos individualmente e realizados alguns exercícios. Se os alunos tiverem dúvidas, poderão recorrer ao tutor local ou ao orientador eletrônico, sempre o mesmo ao longo do curso.

O professor volta ao curso de graduação em pedagogia. Tem um assistente – um monitor que ganha uma bolsa da instituição para fazer esse trabalho com alguns professores – que o ajuda a checar as primeiras informações, a responder às mensagens mais simples, que seleciona o que é prioritário para o professor. Este libera mais um texto para leitura. É um texto mais acadêmico sobre "tendências na pedagogia atual". Tem *links* para um aprofundamento sobre os principais teóricos da pedagogia contemporânea. Esse texto será objeto de uma aula virtual *on-line* na semana seguinte. O professor pede que os alunos façam uma leitura prévia, para ter mais base para a aula *on-line*. Prepara também uma nova atividade sobre "novas metodologias no ensino superior". Os alunos se organizarão em duplas e pesquisarão experiências, programas, projetos de universidades que vêm desenvolvendo novas formas de trabalhar em sala de aula e em ambientes virtuais. Os alunos terão uma semana para realizar a pesquisa e para disponibilizá-la no portfólio e enviá-la no gerenciador de tarefas até a data marcada.

Na semana seguinte, há uma aula virtual. Os alunos se conectam numa sala virtual disponível, previamente agendada, sem ter de ir fisicamente à universidade. Os mais carentes ou os que acharem mais conveniente vão a um dos laboratórios da universidade e se conectam lá. O professor retoma os comentários do fórum e o material dos portfólios dos alunos e os discute, às vezes, de forma mais genérica, às vezes, referindo-se a determinados alunos. Algumas duplas apresentam suas pesquisas. Abre-se o debate aos alunos, no *videochat*. O professor apresenta alguns tópicos na forma de PowerPoint no quadro branco eletrônico, enquanto fala. De vez em quando, um aluno pede permissão para fazer algum comentário, o que acontece quando o professor consente. A aula não é longa, para não ser cansativa. O professor enfatiza a importância da pesquisa em dupla que solicitou, sobre experiências de universidades com aulas presenciais e a distância, e marca o retorno para a aula presencial, no *campus*, para a semana seguinte, quando será avaliado todo o processo das quatro semanas virtuais, apresentadas as últimas atividades, de forma resumida, e feita, junto com o professor, uma síntese do tema tratado no primeiro módulo. A última meia hora da aula presencial é para explicar o que vai acontecer na etapa virtual seguinte, na passagem para o segundo módulo. A aula é gravada e disponibilizada com vídeo e áudio na página do curso, para registro ou acesso, e assim o ciclo continua entre o presencial, o virtual e o presencial de novo até a avaliação final.

O curso de pós-graduação tem 30 alunos de várias cidades do Brasil. É sobre "aprendizagem colaborativa na educação *on-line*". O professor fez uma proposta de curso bem aberta. Ele tem algum material e ideias que quer compartilhar com os alunos e, depois de ouvi-los, pretende ir construindo o curso, sem uma agenda previamente determinada. O curso é totalmente a distância, pela dificuldade em trazer os alunos para um mesmo *campus*, mas serão utilizados todos os recursos de comunicação disponíveis na universidade. O primeiro encontro é em uma sala virtual, uma aula em que todos podem se ver a distância. O professor faz uma rápida apresentação de si mesmo. O mesmo fazem seus alunos. A aula é gravada por uma câmera. A seguir, o professor faz a proposta de um curso plenamente colaborativo, enumerando alguns tópicos que lhe parecem fundamentais para a questão da aprendizagem colaborativa. Os alunos vão fazendo suas sugestões e escolhem o primeiro tópico para pesquisa: "o que é a aprendizagem colaborativa e que autores trabalham melhor esse tema". Organizam-se em pequenos grupos para a pesquisa de textos, autores, experiências sobre aprendizagem colaborativa, cujos resultados serão apresentados aos outros ao longo de uma semana. Todos lerão as colaborações de todos e participarão de um fórum sobre o tema.

Sete dias depois, encontram-se virtualmente e comentam as principais contribuições, que pontos estão claros e o que vale a pena aprofundar. Decidem que o grupo 1, formado por três alunos, aprofundará e coordenará a discussão da nova semana, centrada entre a colaboração e a cooperação na visão de vários autores. Cada grupo assume a coordenação por uma semana e todos vão decidindo que atividades utilizar, semana a semana, e que recursos serão *on-line* e *off-line*. Cada aluno participará de um projeto colaborativo com uma classe específica e o professor o acompanhará e avaliará, para ser apresentado como trabalho final do curso, com todos os recursos telemáticos e audiovisuais a distância.

O professor, às vezes, sente saudades do presencial. Era tão bom encontrar-se com os alunos, tomar um café com eles. Quase já não há tempo para isso. A vida está cada vez mais corrida, as atividades se multiplicam, os encontros são na maioria virtuais. Por isso, os encontros ao vivo tornam-se tão importantes. Os professores falam de como, antes, todos os alunos tinham de ir a uma mesma sala durante quatro anos, de segunda a sexta-feira. Os mais jovens não acreditam. Pensam que é história do tempo das cavernas! Da pré-história!

O professor faz cursos de atualização. Já está na fase do pós-doutoramento e o faz a distância, em Barcelona. Como contrapartida, é convidado por alguns professores da Universidade Autônoma para falar sobre experiências significativas na educação brasileira, sem sair do Brasil.

Enquanto isso, muitos professores, também daqui a dez anos, continuam repetindo seus cursos, sua metodologia, não se atualizam. Repetem, copiam aulas da internet e as repassam para os alunos. Reproduzem as mesmas atividades, os mesmos assuntos, a mesma forma de avaliar. Dão aula do mesmo jeito, utilizando o mínimo de tecnologias.

Há escolas e universidades que vivem do passado, da tradição. Continuam os problemas, como sempre, mas, cada vez fica mais claro quem está avançando e quem está no mesmo lugar.

Outras escolas se dizem modernas, mas vão massificando o ensino. Pagam especialistas para aulas magnas de abertura, gravam as aulas e mantêm um mínimo de interação *on-line*. No máximo, dispõem de um plantão genérico para tirar dúvidas, com poucos tutores para muitos alunos. Permanece a diferença entre as escolas de qualidade e as outras, as que investem na formação de docentes e na atualização tecnológica e metodológica e as que repetem fórmulas, pagando menos aos profissionais.

Vale a pena inovar, testar, experimentar, porque avançaremos mais rapidamente e com segurança na busca de novos modelos, que estejam de acordo com as mudanças rápidas que experimentamos em todos os campos e com a necessidade de aprender continuamente.

CONCLUSÃO

A educação tem de surpreender, cativar, conquistar os estudantes a todo momento. A educação precisa encantar, entusiasmar, seduzir, apontar possibilidades e realizar novos conhecimentos e práticas. O conhecimento se constrói com base em constantes desafios, atividades significativas que excitem a curiosidade, a imaginação e a criatividade.

A escola é um dos espaços privilegiados de elaboração de projetos de conhecimento, de intervenção social e de vida. É um espaço privilegiado para experimentar as situações desafiadoras do presente e do futuro, reais e imaginárias, aplicáveis ou limítrofes. No entanto, a promoção do desenvolvimento integral da criança e do jovem só é possível com a união do conteúdo escolar e da vivência em outros espaços de aprendizagem.

Quanto mais avançadas as tecnologias, mais a educação precisa de pessoas humanas, evoluídas, competentes, éticas. São muitas informações, visões, novidades. A sociedade torna-se cada vez mais complexa, pluralista, e exige pessoas abertas, criativas, inovadoras, confiáveis.

Caminhamos para aulas com acesso *wireless*, com cada vez menos momentos presenciais e mais momentos conectados. Caminhamos também para cidades digitais, conectadas. Quanto mais acesso remoto tivermos, mais necessidade de mediação, de pessoas que inspirem confiança e que sejam competentes para ajudar os alunos a encontrar os melhores lugares, os melhores autores e saber compreendê-los e incorporá-los a sua realidade. Quanto mais conectada a sociedade, mais importantes se tornam as pessoas afetivas, acolhedoras, que sabem mediar as diferenças, facilitar os caminhos, aproximar os outros.

Educar é um processo complexo, que exige mudanças significativas, investimento na formação de professores, para o domínio dos processos de comunicação da relação pedagógica e o domínio das tecnologias. Só assim, poderemos avançar mais depressa, com a consciência de que, em educação, não é tão simples mudar, porque existe uma ligação com o passado, que é necessário manter, e uma visão de futuro, à qual devemos estar atentos. Não nos enganemos. Mudar não é tão simples e não depende de um único fator. O que não podemos é jogar a culpa nos outros, para justificar a inércia, a defasagem gritante entre as aspirações dos alunos e a forma de satisfazê-las. Se os administradores escolares investirem na formação humanística dos educadores e no domínio tecnológico, poderemos avançar mais.

Caminhamos para formas de gestão menos centralizadas, mais flexíveis, integradas, para estruturas mais enxutas, com uma aproximação sem precedentes entre organizações educacionais e corporativas.

O processo de mudança na educação não é uniforme nem fácil. Mudaremos aos poucos, em todos os níveis e modalidades educacionais, pois existe na sociedade uma grande desigualdade econômica, de maturidade, de motivação das pessoas. Algumas estão preparadas para a mudança, outras não, e é difícil mudar padrões nas organizações, nos governos, nos profissionais e na sociedade.

As possibilidades educacionais que se abrem são imensas. Os problemas também são gigantescos, porque não temos experiência consolidada de gerenciar pessoas individualmente e em grupo, simultaneamente, a distância. As estruturas organizativas e os currículos terão de ser muito mais flexíveis e criativos, o que não parece ser uma tarefa fácil de realizar. Numa sociedade em mudança acelerada, além da competência intelectual, do saber específico, é importante que haja muitas pessoas para sinalizar com possibilidades concretas de compreensão do mundo, de aprendizagem experimentada de novos caminhos, com testemunhos vivos – embora imperfeitos – das imensas possibilidades de crescimento em todos os campos. O que faz a diferença no avanço dos países é a qualificação das pessoas, para encontrarmos na educação novos caminhos de integração do humano e do tecnológico, do racional, sensorial, emocional e do ético, do presencial e do virtual; da escola, do trabalho e da vida em todas as suas dimensões.

BIBLIOGRAFIA

ALAVA, S. (org.) (2002). *Ciberespaço e formações abertas: Rumo a novas práticas educacionais?*. Porto Alegre: Artmed.

ALMEIDA, M.E. e MORAN, J.M. (orgs.) (2005). *Integração das tecnologias na educação*. Brasília: Ministério da Educação/Seed.

AZEVEDO, W. (2005). *Muito além do jardim de infância: Temas de educação on-line*. Rio de Janeiro: Armazém Digital.

BARBOSA, R.M. (org.) (2005). *Ambientes virtuais de aprendizagem*. Porto Alegre: Artmed.

BASSIS, N. (2007). "Uma espiada no futuro do e-learning", disponível em http://expeculando.wordpress.com/2007/04/24/uma-espiada-no-futuro-do-e-learning.

BELLONI, M.L. (1999). *Educação a distância*. Campinas: Autores Associados.

BRAGA, R. (2007). "E-learning, a revolução no ensino". *Revista @prender virtual*, disponível em http://www.aprendervirtual.com/colunistas/ryon_braga/2002_01_02_elearning_a_revolucao_no_ensino.htm (acesso em 2/2).

_____ (2007). "Profissões do futuro". *Revista @prender virtual*, disponível em http://www.aprendervirtual.com (acesso em 2/2).

CASTELLS, M. (1999). *A sociedade em rede*. Rio de Janeiro: Paz e Terra.

CAVALCANTI, R. de A. (1999). "Andragogia: A aprendizagem nos adultos". *Revista de Clínica Cirúrgica da Paraíba*, n. 6, ano 4 (julho).

DELORS, J. (org.) (2001). "Educação, um tesouro a descobrir". Relatório para a Unesco, da Comissão Internacional sobre Educação para o Século XXI. 6ª ed. São Paulo: Cortez.

DIMENSTEIN, G. (2007). "Pro dia nascer feliz". *Folha Online*, disponível em http://www1.folha.uol.com.br/fsp/cotidian/ff0402200727.htm (acesso em 5/2).

DOLABELA, F. (1999). *Uma revolução no ensino universitário de empreendedorismo no Brasil. A metodologia da Oficina do Empreendedor.* Belo Horizonte: UFMG/Fumsoft.

DOWBOR, L. (2001). *Tecnologias do conhecimento: Os desafios da educação.* Petrópolis: Vozes.

FALCÃO, P. (2003). *Criação e adaptação de jogos em T&D.* Rio de Janeiro: Qualitymark.

FERNANDEZ, C. (1999). *Repensando a relação educador/educando.* Brasília: Senai/Departamento Nacional. Série Senai "Formação de Formadores".

FREIRE, P. (2003). *Pedagogia da autonomia: Saberes necessários à prática educativa.* 28ª ed. São Paulo: Paz e Terra.

GEE, J.P. (2003). *What video games have to teach us about learning and literacy.* Nova York: Palgrave Macmillan.

GENTILE, P. (2004). "Gary Wilson: Nenhuma criança pode ser deixada para trás". *Revista Nova Escola*, n. 174 (agosto), disponível em http://revistaescola.abril.com.br/edicoes/0174/aberto/mt_72325.shtml.

GIUSTA, A. e FRANCO, I. (org.) (2003). *Educação a distância: Uma articulação entre a teoria e a prática.* Belo Horizonte: PUC Minas.

GOMES, M.A.M. (2003). "A utilização dos jogos na educação: Diferentes abordagens". *Argumento*, ano V, n. 10 (out.).

GRIFUL, E.; GIBERT, J. e SALLAN, J.M. (2005). "Un modelo de blended learning en la Universidad Politécnica de Catalunya: La docencia semipresencial de la titulación de Ingeniería en Organización Industrial en la ETSEIT". Trabalho apresentado no IX Congreso de Ingeniería de Organización, Gijón, Espanha, 8 e 9 de setembro.

IMBERNÓN, F. (2002). *A educação no século XXI: Os desafios do futuro imediato*. 2ª ed. Porto Alegre: Artmed.

KORCZAK, J. e DALLARI, D. de A. (1986). *O direito da criança ao respeito*. São Paulo: Summus.

LITTO, F. (2006). "Previsões para o futuro da aprendizagem". Coluna do autor no *site* Aprendiz, disponível em http://www.uol.com.br/aprendiz/n_colunas/f_litto/id260202.htm (acesso em 2/12).

LITWIN, E. (org.) (2000). *Educação a distância: Temas para o debate de uma nova agenda educativa*. Porto Alegre: Artmed.

MEISTER, J. (1999). *Educação corporativa: A gestão do capital intelectual através das universidades corporativas*. São Paulo: Makron Books.

MERCADO, L.P. (org.) (2002). *Novas tecnologias na educação: Reflexões sobre a prática*. Maceió: Edufal.

MORAES, M.C. (1997). *O paradigma educacional emergente*. Campinas: Papirus.

MORAN, J.M. (2000). *Mudanças na comunicação pessoal: Gerenciamento integrado da comunicação pessoal, social e tecnológica*. 2ª ed. São Paulo: Paulinas.

_____. Textos sobre tecnologias, comunicação e educação, disponíveis em http://www2.eca.usp.br/moran.

MORAN, J.M.; MASETTO, M. e BEHRENS, M. (2006). *Novas tecnologias e mediação pedagógica*. 12ª ed. São Paulo: Papirus.

MORIN, E. (2002). *Os sete saberes necessários à educação do futuro*. 6ª ed. São Paulo: Cortez.

PALLOFF, R.M. e PRATT, K. (2002). *Construindo comunidades de aprendizagem no ciberespaço: Estratégias eficientes para salas de aula on-line*. Porto Alegre: Artmed.

_____ (2004). *O aluno virtual: Um guia para trabalhar com estudantes on-line*. Porto Alegre: Artmed.

PERRENOUD, P. *et al.* (2002). *As competências para ensinar no século XXI*. Porto Alegre: Artmed.

PETERS, O. (2001). *Didática do ensino a distância*. São Leopoldo: Unisinos.

RICARDO, E.J. (org.) (2005). *Educação corporativa e educação a distância*. Rio de Janeiro: Qualitymark.

ROGERS, C. (1971). *Liberdade para aprender*. Belo Horizonte: Interlivros.

_____ (1992). *Um jeito de ser*. São Paulo: EPU.

_____ (2001). *Tornar-se pessoa*. Trad. Manuel José do Carmo Ferreira e Alvamar Lamparelli. 5ª ed. São Paulo: Martins Fontes.

SILVA, M. (2000). *Sala de aula interativa*. Rio de Janeiro: Quartet.

SILVA, M. (org.) (2003). *Educação on-line: teorias, práticas, legislação, formação corporativa*. São Paulo: Loyola.

SILVA, M. e SANTOS, E. (2006). *Avaliação da aprendizagem em educação online*. São Paulo: Loyola.

SIQUEIRA, E. (2004). *2015: Como viveremos*. São Paulo: Saraiva.

TARDIF, M. e LESSARD, C. (2005). *O trabalho docente*. Petrópolis: Vozes.

TORRES, P. e VIANNEY, J. (orgs.) (2005). *A educação superior virtual na América Latina e Caribe*. Curitiba: Champagnat-PUC/PR.

VALENTE, J.; PRADO, M.E.; ALMEIDA, M.E. (2003). *Educação a distância via internet*. São Paulo: Avercamp.

VIEIRA, A.; ALMEIDA, M.E. e ALONSO, M. (orgs.) (2003). *Gestão educacional e tecnologia*. São Paulo: Avercamp.